*Bernd Hildebrandt*

# Mit T'ai Chi an die Börse

*Tuishou-Verlag*

Bibliografische Information der Deutschen Bibliothek
Die Deutsche Bibliothek verzeichnet diese Publikation in der Deutschen Nationalbibliografie; detaillierte bibliografische Daten sind im Internet über http://dnb.ddb.de abrufbar.

**Bitte besuchen Sie auch www.tuishou-verlag.de**

ISBN 978-3-00-026636-2

Hildebrandt, Bernd: Mit T'ai Chi an die Börse
1. Auflage


Titelfoto Frankfurter Börse: Stephan Wenke, Poggenhagen
Titelfoto He Lin Lin: Wilhelm Ernst, Wunstorf
Fotos auf den Seiten 56, 130 – 137: Anthony Reif, Sydney
Fotos auf den Seiten 57, 58, 83 – 86: Anette Rogers, Idensen
Foto auf Seite 162: He Zhao Hong
Umschlaggestaltung: www.funktion5.de
Druck: Wittmann + Wäsch GmbH & Co. KG, Hannover
Printed in Germany

Wahre Worte sind nicht schön,
schöne Worte sind nicht wahr.
Tüchtigkeit überredet nicht,
Überredung ist nicht tüchtig.
Der Weise ist nicht gelehrt,
der Gelehrte ist nicht weise.
Der Berufene häuft keinen Besitz auf.
Je mehr er für andere tut,
desto mehr besitzt er.
Je mehr er anderen gibt,
desto mehr hat er.
Des Himmels SINN ist fördern, ohne zu schaden.
Des Berufenen SINN ist wirken, ohne zu streiten.

Laotse

# Mit T'ai Chi an die Börse

**Vorwort – eine ungewöhnliche Managerkarriere** 6

**Der Weg war das Ziel** 10
**T'ai Chi – Gegenpol zum Alltagsstress** 14
**T'ai Chi als Lebenshilfe** 18

**Was ist Taoismus – was ist T'ai Chi?** 20
Taoismus 21
Yin und Yang und Ch'i 26
Wu Wei, das Tun durch Nichttun 32
Yin und Yang – T'ai Chi und Gesellschaft 41
T'ai Chi – ein wenig Historie 47

**Prinzipien des T'ai Chi – ein Spiegel des Geschäftslebens** 53
Tief verwurzeln 54
Aufrechte Haltung bewahren 61
Entspannen – locker bleiben – loslassen 63
Erst einmal tief durchatmen 69
Zentriert und in der Mitte bleiben 71
Konzentration – auch wenn es stürmisch wird 75
Balance halten 80
Sanftes Anhaften – immer im Kontakt bleiben 82

**T'ai Chi als Wettkampf** 91

**Einheitlich, ganzheitlich handeln** 98

**Einfälle – Zufälle – Einbildungen** 101

**Spontaneität und Intuition zulassen** 105

**Kreativität und Visionen entwickeln** 112

**Konflikte lösen mit T'ai Chi** 126

**Gesund bleiben mit T'ai Chi** 141

**Autogenes Training (AT)** 156

Kurse und Seminare 158

Mein Meister He Lin Lin 162

Ein Resümee 164

Nachwort 167

Literaturverzeichnis 168

Weitere empfohlene Literatur 168

# Vorwort –

## eine ungewöhnliche Managerkarriere

Natürlich macht T'ai Chi einen Börsengang nicht erfolgreicher. Und T'ai Chi kann man auch nicht an die Börse bringen – oder doch?
Es gibt weltweit große, professionelle Organisationen für T'ai Chi-Ausbildung und in der Goldgräberzeit des Neuen Marktes, am Ende der 90er-Jahre, hätte ich das nicht mehr für unmöglich gehalten. Aber von diesen nicht ganz ernst zu nehmenden Gedankenspielen wollen wir uns schnell wieder lösen.
Nein, die Verbindung von T'ai Chi zur Börsen- und Wirtschaftswelt ist auf ganz anderen Wegen zu finden.



Wie wohl jeder Geschäftsführer eines Unternehmens, habe auch ich Seminare besucht, die sich mit Managementprinzipien beschäftigen. In den 80er-Jahren waren das manchmal Kursveranstaltungen, in der die Managementlehre wie ein Rezeptbuch vorgetragen wurde. Auch heute wird dieser Ansatz durchaus noch verfolgt.
Später ließ der Markt für Managerwissen immer öfter die Weisheiten der östlichen Philosophien in ihr Seminarprogramm einfließen.
*Man hatte bemerkt, dass eine Vielzahl an Verhaltensregeln und Rezepten nicht zu mehr Führungsqualität führt. Den Blick fürs Ganze haben, ganzheitlich handeln, das sind die aktuellen Schlagworte der großen Managementinstitute.*
*Irgendwann, vor etwa 15 Jahren, erkannte ich, dass dies auch die wichtigsten Prinzipien der T'ai Chi-Bewegungen sind.*
Das bedeutete, die gewonnenen Erkenntnisse täglich bewusst zu üben und im Berufsleben anwenden zu können!

Diese Einsicht sah ich für mich als große Chance. Mir wurde deutlich, dass ich als Geschäftsführer zunächst das Wissen über Führungsmethoden und menschliche Verhaltensweisen brauchte – aber auch über Gefahren wie Dauerstress und psychische Überreiztheit, um rechtzeitig gegensteuern zu können.
Dieses Wissen, das wurde mir immer klarer, kann dauerhaft aber nur dann positiv zur Anwendung kommen, wenn es auch bewusst bleibt, immer wieder trainiert und dadurch verinnerlicht wird. Ein besserer Trainingspartner als das T'ai Chi ist für mich bis heute nicht denkbar.

Das mag auf den ersten Blick wirklichkeitsfern und paradox klingen. Aber Paradoxa sind Basis des Taoismus, der Philosophie, die die geistige Grundlage des T'ai Chi darstellt. Paradoxe Denkweisen können erfolgreich zur Klärung komplexer Probleme eingesetzt werden – auch das gehört inzwischen schon zu den Standardaussagen des Management Consultings.



Mit diesem Buch möchte ich aber nicht in den Wettbewerb der Managementlehren eintreten. Ich möchte gar nichts lehren, sondern meine T'ai Chi- und meine Managementerfahrungen und ihre Bezüge und Verbindungen aufschreiben und damit vielleicht dem einen oder anderen Anregungen geben.
Der Börsengang ist für mich nicht nur eine Darstellung dieser einjährigen spannenden Zeit, von Ende 1997 bis November 1998. Vielmehr bedeutet er eine Spanne von über 15 Jahren, in denen es mit dem Unternehmen auf- und abging. Irgendwann interessierten sich dann nicht nur Kunden und Lieferanten für uns, sondern auch der Finanzmarkt.
Aber zu dieser Zeit war auch die psychische Belastung für uns Geschäftsführer immer größer geworden. Für mich wurde deutlich, dass ein Ausgleich geschaffen werden musste.

Damals war der Begriff „work-life-balance" in aller Munde. Mir war zwar klar, was damit gemeint war – den Sinn habe ich nie verstanden.
Wir haben nur *ein* Leben und nicht die Arbeit und zusätzlich das Leben. Wenn die Grundeinstellung zum „Arbeitsleben" falsch ist, werden wir auch im „Familienleben" und in der Freizeit Probleme haben. Die machen am Fabriktor nicht halt.
Sind wir als Manager knallhart, egozentrisch und gelten vielleicht als Choleriker – wie sollten wir zu Hause plötzlich ein geduldiger, liebender Vater und Ehemann sein?

Aber die Führungsarbeit im Job ist nun mal voller Widersprüche, Enttäuschungen und Konflikte. Und es ist klar, dass dies auch die Familie und die Freizeit tangiert.
Hier wurden mir dann der Einheitsgedanke des Taoismus und die Prinzipien des T'ai Chi als wahrer Rettungsanker bewusst.
Diese konnten unmöglich die Freizeit beglücken und an meiner Bürotür halt machen. Und umgekehrt schon gar nicht. Meine Geschäftspartner in den USA, in China, Italien, in Slowenien, England und in Thüringen wurden Freunde und sind es noch heute. Die guten Beziehungen zu ihnen, vielen Mitarbeitern, Distributoren und Partnern konnten sich nicht völlig in geschäftliche und persönliche Interessen aufteilen!
*T'ai Chi half mir also, Lebensprinzipien zu integrieren – und zwar in mein gesamtes Leben und nicht nur im Geschäftsbereich oder nur im Privatleben.*
Im geschäftlichen Bereich hat die Korrelation zum T'ai Chi jedenfalls zu erstaunlichen Erfolgen geführt und wie das geschah, werde ich im Folgenden aufzeigen.

Allen Menschen, die am Unternehmenserfolg mitwirkten, bin ich heute von Herzen dankbar. Sie haben nicht nur für das Unternehmen Gutes getan, sie haben auch mein Leben in jeder Hinsicht bereichert. Das betrifft nicht nur die „alten Mitstreiter", sondern auch die vielen jungen, hochmotivierten Menschen, die mit viel Freude und immer neuen Ideen bei der Sache sind.

Dankbar bin ich auch den Menschen, die mich T'ai Chi gelehrt haben, ganz besonders meinem chinesischen Freund He Lin Lin, der leider schon vor einigen Jahren gestorben ist.
Ich glaube, nicht nur in mir, sondern in vielen Menschen lebt seine einfache, herzliche Lebensart und sein T'ai Chi weiter.

# Der Weg war das Ziel

An einem Apriltag 1976 fragte mich ein guter Freund, ob ich bereit wäre, die kaufmännische Leitung eines gerade gegründeten Technologieunternehmens zu übernehmen. Kapital sei kaum vorhanden, aber eine außergewöhnlich gute Geschäftsidee. Es ging darum, elektronische Schaltungen – sogenannte Leiterplatten – nicht mit herkömmlicher chemischer Technologie, sondern mechanisch herzustellen.
Die Idee und die Maschinen dazu sollte ich international vermarkten.
Ich hatte von Leiterplatten keine Ahnung, überlegte aber nicht lange.
Nach einem Betriebswirtschaftsstudium und fünf Jahren Erfahrung im Verkauf und Marketing fühlte ich mich sicher

genug. Der damalige Job in der Computerbranche begann außerdem langweilig und nervenaufreibend zu werden. Das einstige 10000-Mann-Familienunternehmen aus dem Schwarzwald war längst an einen Großkonzern verkauft. Angst um Arbeitsplätze und Karrierekämpfe mit allen Mitteln grassierten. Der Egoismus trieb immer neue, überraschende Blüten.

Das sollte nach dem Studium nun der weitere Verlauf des Berufslebens sein?

An das Risiko in der Selbstständigkeit dachte ich kaum. Zwar hatte meine vierköpfige Familie gerade ein schuldenbelastetes Eigenheim bezogen – aber was sollte schon passieren?

Es passierte eine ganze Menge und jeder, der sich auf diese Weise einmal selbstständig gemacht hat, kennt den Ablauf dieser Karriere. Eine tägliche Arbeitszeit von 12 bis

14 Stunden, jahrelang keinen Urlaub, ständig auf weltweiten Geschäftsreisen, manchmal verspätete Gehaltszahlungen – um nur einige Merkmale des neuen Jobs aufzuzählen.

Einige Jahre schleppte sich das Geschäft hin – der Durchbruch ließ auf sich warten. Dann die ersten Bankkredite, die mit persönlichen Bürgschaften gesichert werden mussten. Das „eigene" Haus war plötzlich nicht mehr so ganz eigen.
Es mag Manager geben, die Stapel unbezahlter Rechnungen mit einem Achselzucken kommentieren – bei mir war das nicht so.
Existenzängste, Enttäuschungen über verlorene Aufträge, frustrierende Verhandlungen mit Banken und Investoren hinterließen deutliche Spuren.
*Aber immerhin hatte ich mit 30 Jahren mein berufliches Schicksal selbst in der Hand, und das war auch in schwierigen Zeiten ein gutes Gefühl.*



Und dann – Mitte der 80er-Jahre – platzte der Knoten. Eine neue Software machte die Systeme viel interessanter. Wir verkauften nicht nur in Deutschland, sondern auch in den USA und in Asien. Die ganze Mühe schien sich gelohnt zu haben; wir vier Partner und die wenigen Angestellten atmeten auf. Ich kann mich noch gut an dieses gemeinschaftlich erlebte herrliche Gefühl der ersten Erfolge erinnern.

Und prompt kam mit der Weltwirtschaftskrise 1991 der harte Rückschlag. Der Umsatz wurde quasi halbiert, und trotzdem sollte die Mitarbeiterzahl nicht reduziert werden. Der nächtliche Schlaf wurde wieder etwas unruhiger.

*Damals lernte ich hautnah, dass der Geschäftsverlauf keineswegs zwangsläufig in einer nach oben zeigenden Geraden abläuft. Es folgt alles einem Rhythmus und läuft in Amplituden ab, die sich mal flacher, mal steiler darstellen.*

In diesem Krisenjahr 1991 buchte ich, scheinbar ohne besonderen Grund, einen Schnupperkurs für T'ai Chi. Das hatte ich auf Chinareisen zwar schon kennengelernt und mit der Philosophie des Taoismus hatte ich mich auch bereits befasst.
Auslöser war aber wohl der nun wieder einsetzende „Überlebenskampf" – ich wurde mir wohl bewusst, ganz persönliche Hilfe für die zukünftigen Aufgaben zu brauchen.

Nach ein paar Jahren T'ai Chi-Praxis folgte eine Lehrerausbildung für T'ai Chi und Körperarbeit – an Wochenenden und in Urlauben. Seit 1996 lehre ich nun regelmäßig T'ai Chi-Formen an der Volkshochschule und in privaten Kursen.
T'ai Chi ist zu einem festen Bestandteil meines Tagesablaufes geworden.
Heute bin ich fest davon überzeugt, dass T'ai Chi mein Leben – auch das Berufsleben – positiv beeinflusst hat.



Jedenfalls florierte das Unternehmen wieder und wurde im Jahre 1998 erfolgreich an die Börse gebracht. Dies geschah mit großer Hilfe meines eingangs erwähnten Freundes, der Mitarbeiter und meiner Kollegen in der Geschäftsleitung. Die mussten, genau wie ich, neben den Mühseligkeiten des Börsenganges auch noch dafür sorgen, dass das laufende Geschäft florierte – möglichst besser als zuvor.
Es waren für alle Beteiligten wohl die hektischsten und belastendsten Monate ihres Geschäftslebens.

Ob Sie es glauben oder nicht – auch in dieser chaotischen Zeit habe ich höchstens zweimal meine T'ai Chi-Abendklasse abgesagt. Wenn irgendwie möglich, stimmte ich mich morgens mit T'ai Chi auf den Tag ein – oft auf dem Weg zur Arbeit. Dadurch fühlte ich mich ausgeglichener und unangreifbarer.

Ein Vorstandsvorsitzender – heute Aufsichtsratsvorsitzender – einer High-Tech-Aktiengesellschaft, der nebenbei T'ai Chi-Unterricht gibt, ist sicherlich nicht gerade die Regel. Es war und ist ein sehr persönlicher Weg, den ich keinesfalls als allgemeine Empfehlung anpreisen möchte. Aber es ist ein möglicher Weg, um gelassener, vielleicht auch erfüllter, durch das manchmal verwirrende Berufsleben zu gehen.
Das ist der Grund, weshalb ich diese Erfahrung weitergeben möchte. Mit diesen Zeilen und in meinen Seminaren.

Ich habe gelernt, dass T'ai Chi einen sehr guten Einfluss auf das psychische Befinden haben kann – übrigens auch auf die körperliche Belastbarkeit.
Dies ist nur ein Aspekt der Korrelation T'ai Chi – Berufsleben. Erstaunlich war für mich, bei den verschiedensten Anlässen und Vorgängen zu erfahren, dass die Prinzipien des T'ai Chi und die der alten Taoisten eins zu eins auf unsere Businesswelt übertragbar sind. Und das mit großem Erfolg!



Diese Prinzipien, Jahrhunderte, ja oft Jahrtausende alt, kommen mir manchmal wie ein Leitfaden für Manager vor. Keine Angst, das wird jetzt kein „Management by T'ai Chi".

Manche Chinesen sagen, wir *spielen* T'ai Chi, nicht wir *üben*.

Das ist ein sympathischer Ansatz. Spielerisch heranzugehen, ohne ernsthaften Konzeptanspruch und ohne den Anspruch, den einzig wahren und völlig neuen Weg gefunden zu haben. Es geht darum, völlig locker und entspannt zu bleiben – und das ist prompt schon das erste wichtige T'ai Chi-Prinzip.
Das erste taoistische Prinzip haben wir übrigens auch schon kennengelernt – das mit dem Rhythmus und den Amplituden.

# T'ai Chi – Gegenpol zum Alltagsstress

„Was bringt denn T'ai Chi für dich – warum machst du das?"
Diese Frage wurde und wird mir oft gestellt, und die Antwort fällt gar nicht leicht. Meine Euphorie hält sich dann sehr in Grenzen, meist beschränke ich mich auf ein „es tut mir einfach gut".

Hier möchte ich mich aber intensiver mit dieser Frage beschäftigen:
In meinen Seminaren frage ich bei Beginn jeden Teilnehmer nach dem Grund für die T'ai Chi-Kursbuchung. Manchmal ist es einfach Neugierde, die Inspiration einer Fernsehsendung oder einer Chinareise – eine Teilnehmerin antwortete freimütig, dass sie T'ai Chi gebucht hat, weil ein Polnischkurs nicht zustande kam. Das ist ein seltenes Motiv, aber es war zumindest ehrlich gesagt.
Nicht wenige sprechen über psychosomatische Beschwerden, oder allgemeine Einschränkungen des Bewegungsapparates, die sie behoben haben möchten. Hier grenze ich mich dann schnell ab, denn ich bin kein Therapeut. Aber natürlich kann T'ai Chi, regelmäßig praktiziert, positive, heilende Wirkungen haben.
Bei etwa 80 % aller Teilnehmer ist der Grund jedoch die Erwartung auf Stressabbau, der Wunsch nach einem Ausgleich zu den Spannungen des Alltags.

Es ist wirklich erschreckend, wie viele Menschen darunter leiden, berufliche und alltägliche Probleme nicht mehr ausreichend meistern zu können. Einige Kursteilnehmer beenden das T'ai Chi-Üben wegen Stress und Zeitmangels. Das ist in der Tat ein verhängnisvolles Paradoxon, und es macht mich dann schon etwas traurig. Tröstlich ist es aber zu sehen, wie viele Teilnehmer ausgeglichener werden und mehr Gelassenheit entwickeln.

Vorab möchte ich auf dieses „Stressphänomen“ nun etwas näher eingehen:
Egal ob Lehrer/in, Angestellte/r, Manager/in oder Arzt/Ärztin – in allen Berufen lauert die Gefahr der Überforderung, einer zu großen und permanenten Anspannung mit negativen gesundheitlichen Folgen.

**Wenn Stress übermächtig wird**
Hier ein Beispiel eines Kollegen aus einem mir bekannten Unternehmen. Als Manager eines Maschinenbauunternehmens wurde sein Arbeitstag wöchentlich voller. Die Termine häuften sich, wobei er sowohl der Jäger als auch der Gejagte war. Manchmal konnte er schnell entscheiden, immer öfter schob er voller Zweifel die Entscheidung vor sich her.
Es häuften sich die gescheiterten Versuche, sich selbst und Mitarbeiter zu motivieren, zu kontrollieren, den einen oder anderen Streit zu moderieren. Logische Folge waren erfolglose Kundengespräche, verlorene Aufträge, Rechtfertigungen bei den Firmeneigentümern, usw.



Ehemals interessante Herausforderungen wandelten sich unmerklich zur Basis für Überbelastung.
Konkrete oder diffuse Ängste häuften sich und das natürlich auch nach Feierabend; letztlich drohte sogar der Verlust des Arbeitsplatzes.
Eines Tages setzten die körperlichen Beschwerden ein: Tinnitus, Schlafstörungen, manchmal Herzrasen.
Der Aufenthalt in einer psychosomatischen Klinik war die Notbremse, hier lernte er, sein Leben zu überdenken und zu verändern. (Dort lernte er übrigens auch erste T'ai Chi-Schritte.)

Mit Hilfe regelmäßig praktizierter Entspannungstechniken kann er heute nun viel besser mit den „heißen“ Situationen des Berufslebens umgehen als früher.

**Was war mit ihm geschehen?**
Er musste ständig auf tatsächliche oder vermeintliche Gefahren reagieren und kam mehr und mehr in eine Dauerstresssituation. Wenn Stress nur von Zeit zu Zeit geschieht und ausgeglichen werden kann, ist das sogar eine nützliche Reaktion.

In Urzeiten der Menschheit, z. B. auf der Jagd, konnte der Jäger dann besser kämpfen oder schneller flüchten. Oder er fiel in eine Art Erstarrung (Totstellreflex). Beim modernen Menschen im Kampf in der Wirtschaft manifestieren sich der Dauerstress und seine Reaktionen zu einem Programm. Sogar die Nervenzellen – nicht nur das Gehirn – werden mehr und mehr in eine schädliche Richtung programmiert.



Unsere „Kampfhandlungen“ sind heute z. B. verbale Entgleisungen und Mobbing. Zu den Fluchtstrategien gehören krankschreiben lassen, Abwälzen von Verantwortung, Fantasien vom Auswandern, usw.
Die Erstarrung äußert sich in dem bekannten Verhalten, gar nichts zu machen, weil man dann nichts falsch machen kann.

Folgen sind neben dem im Beispiel genannten dann oft Antriebsschwäche, Verspannungen, Dauererkältungen, Magen- und Darmbeschwerden oder sogar die Depression.

**Es muss nicht T'ai Chi sein**
Diese Schilderung soll jetzt kein Schreckensszenario gewesen sein, um Sie zum T'ai Chi-Seminar zu überreden.

Übrigens wird nicht zwangsläufig eine fernöstliche Meditationsweise benötigt, um gelassener zu werden.

Genauso erfolgversprechend sind Wanderungen in der Natur, Sport im Freien oder einfach das Besinnen auf sich selbst.
*Es ist sehr von Vorteil, wenn das Gegensteuern gegen schädlichen Dauerstress nicht erst dann passiert, wenn der Klinikaufenthalt droht.*
Ein Unternehmen, ein Amt, eine Schule oder eine Arztpraxis zu leiten oder dort zu arbeiten, wird nie stressfrei sein. Aber wir können ganz persönlich einen Ausgleich schaffen, einen Gegenpol. Es darf nicht nur der Teil des Nervensystems regelmäßig „trainiert" werden, der für die Aktivierung und Spannung zuständig ist, also der Sympathikus. Notwendig ist auch die nachhaltige Programmierung zur Ruhe, Entspannung und Gelassenheit, das Training des Parasympathikus.



Zufällig habe ich dafür T'ai Chi gefunden oder das T'ai Chi mich. Neben dem Autogenen Training, das ich seit 35 Jahren praktiziere, war das der Weg zu meinem Gegenpol.

Und diese Pflege des Gegenpols hat bei Weitem nicht erste Priorität. Noch wichtiger ist es, die Gegensteuerung gar nicht erst nötig werden zu lassen.
*Wenn Geisteshaltung und Lebenseinstellung entspannt und ausgeglichen sind, muss überhaupt keine Gegensteuerung vorgenommen werden.*

# T'ai Chi als Lebenshilfe

Meine Erfahrung ist, dass T'ai Chi mich anleitet, bewusster zu leben. Wer eine T'ai Chi-Form durchübt, wird sich ganz und gar darauf konzentrieren müssen. Er spürt seine Energie, seine Gefühle – er trainiert die Wahrnehmung für sich selbst und auch seiner Umgebung. Ich lerne T'ai Chi nicht für einen bestimmten Zweck. Ich lerne T'ai Chi für mein Leben. (Inzwischen gibt es allerdings T'ai Chi-Wettbewerbe, bei denen man wie beim Turniertanzen oder Eiskunstlaufen bewertet wird.)

T'ai Chi lehrt mich, besser mit Menschen umzugehen, mein gesamtes Umfeld – Freunde, Bekannte, Geschäftspartner – bewusster wahrzunehmen und mehr auf sie eingehen zu können.



Das ist übrigens nicht der Zweck des T'ai Chi-Übens, sondern es ergibt sich einfach. *Die Langsamkeit des T'ai Chi gibt mehr Zeit für die Wahrnehmung – die Wahrnehmung wird sozusagen entschleunigt. Dieses Sich-Zeit-Nehmen kann zum Entdecken ganz anderer Ebenen beim Menschen führen, Ebenen, die in der gewohnten Hektik gar nicht wahrnehmbar sind.*

Es kommt also in erster Linie gar nicht auf besseren Umgang mit Stress durch entspannende Techniken an. Oberstes Ziel soll sein – auch für total beanspruchte Manager –, bewusster und erfüllter zu leben. Dieses Ziel ist – davon bin ich fest überzeugt – nicht nur Mönchen, Asketen oder Aussteigern vorbehalten.

In jeder beruflichen Lebenssituation kann es erreicht werden, ja erlernt werden.
Über viele mögliche Aspekte dieses Lernens werde ich noch ausführlich sprechen.

T'ai Chi-Lernen kann man nicht mit dem praktischen Lernen in einem Seminar oder Kurs gleichsetzen. Nehmen wir zum Vergleich einen Töpferkurs: Töpfern kann kreativ sein, aber wenn ich zwei Stunden in der Woche töpfern lerne, kann ich das Resultat bis zur nächsten Woche auch gern vergessen. Ich lerne das Töpfern vielleicht mit dem Ziel, meiner Familie oder Freunden mit einem Gefäß Freude zu bereiten, ein ähnliches Ziel ist für das T'ai Chi nicht denkbar.

Regelmäßiges bewusstes T'ai Chi-Lernen führt fast zwangsläufig zu einer Veränderung der gesamten Lebenseinstellung und Handlungsweise.
*In den letzten 15 Jahren meiner Berufskarriere stellte T'ai Chi für mich eine handfeste, unschätzbar große Hilfe und Bereicherung dar. Das galt sowohl für den Aufbau neuer Geschäftsbeziehungen (nicht nur in China) als auch für den Umgang mit schwierigen Zeitgenossen.* Kritische Situationen konnte ich viel besser meistern, wenn ich mich auf die Prinzipien des T'ai Chi und des Taoismus besann.



Wie das konkret geschehen kann, wird im weiteren Verlauf noch dargestellt.

# Was ist Taoismus – was ist T'ai Chi?

Beides ist nicht einfach in der gebotenen Kürze zu beschreiben – ein Blick auf das Gegenteil hilft, die Prinzipien von T'ai Chi und Taoismus zu verdeutlichen:
Oft habe ich beim Lesen bzw. Hören von Kommentaren hochrangiger Politiker oder Wirtschaftsbosse den Gedanken gehabt: „Hätten sie sich doch ein wenig mit den Zeilen Laotses befasst!"
Vielleicht wäre ihnen zu helfen gewesen.

Anders ausgedrückt – wenn Sie sich das absolute Gegenteil von T'ai Chi oder Tao-gemäßen Verhaltens vorstellen möchten, sollten Sie sich eine Talkshow mit den Persönlichkeiten



des öffentlichen Lebens ansehen.
Es ist modern, abzuwerten, zu verurteilen, nur die eine (eigene) Auffassung als die einzig Richtige darzustellen. Die Aufmerksamkeit des Publikums erregt derjenige, der eine Stunde lang aggressives Verhalten durchhalten kann. Scheinbaren Erfolg hat, wer am lautesten und meisten redet, und, wenn überhaupt, dann nur oberflächlich zuhört. Bei dem einen oder anderen Teilnehmer kann man dann schon deutliche psychosomatische Beschwerden beobachten, die auch begierig von den Kameras eingefangen werden (nervöses Zucken, hochroter Kopf).

Natürlich sind diese Verhaltensweisen nicht nur Talkshow-Runden vorbehalten. Man findet sie in den Besprechungsräumen der Unternehmen genauso wie im privaten Bereich.

Sie widersprechen jedoch vollständig dem Gedankengut des Taoismus und den Prinzipien des T'ai Chi.

Bei den nun folgenden Erläuterungen über Taoismus und T'ai Chi sehen Sie es mir bitte nach, etwas oberflächlich zu beschreiben. Ausführliche, tief recherchierte Ausarbeitungen würden den Rahmen dieses Buches sprengen.
Zur Vertiefung finden Sie am Schluss dieses Buches einige Literaturempfehlungen.

## Taoismus

Der Begriff Tao – der Weg – kommt in fast allen chinesischen Denkrichtungen und Philosophien vor, auch in den Lehren des Konfutse. Taoisten waren ursprünglich so etwas wie Einsiedler, heute würde man sie wohl als Aussteiger bezeichnen.
Der legendäre Laotse, „alter Meister", war angeblich Archivar, bevor er China verließ und gen Westen wanderte. Die Quellenlage über seine Existenz ist aber keineswegs gesichert, er soll ab Ende des 7. vorchristlichen Jahrhunderts gelebt haben.



Die kleine Schrift, die er der Überlieferung nach einem Zöllner übergab, enthielt 80 Kapitel, die heute zu den meist übersetzten chinesischen Texten überhaupt gehören.

Der Text heißt Taoteking – der Klassiker vom Weg und seiner Macht. Das Wort „Tao" – der Weg – gab letztlich dieser Philosophie oder auch Religion seinen Namen: Taoismus.
Es sind für westliche Leser teilweise schwer verständliche, geheimnisvolle Zeilen voller Widersprüche und Paradoxa. Richard Wilhelm hat die wohl in Deutschland populärste Übersetzung des Taoteking geschaffen.

## Richard Wilhelm – Übersetzer des Taoteking

Der Theologe aus Stuttgart (1873–1930) lebte fast 25 Jahre in China (Qingdao und Peking). Zunächst arbeitete er als Missionar, später als Professor. Rückblickend auf die Missionstätigkeit sagte er, dass er froh sei, keinen einzigen Chinesen bekehrt zu haben – eine für mich sympathische Einstellung. Er übersetzte, neben vielen anderen Werken, das I Ging, Werke des Tschuangtse und eben auch das Taoteking, das mir in den 80er-Jahren in die Hände fiel. Richard Wilhelm war u.a. mit Albert Schweitzer, Carl Gustav Jung, Hermann Hesse und Martin Buber befreundet. Seine Werke über chinesische Kultur beeinflussten viele Dichter und Schriftsteller des 20. Jahrhunderts.
Es gibt viele Übersetzungen des Taoteking, ich habe in diesem Buch die seine gewählt. Richard Wilhelm übersetzt „Tao“ mit „Sinn“.



Als Tao wird zunächst der Ursprung von allem und jedem bezeichnet, existierend noch vor der Erschaffung des Universums. Allerdings nicht im Sinne einer persönlichen Schöpfergottheit – das Tao ist namenlos, unaussprechlich, nicht erklärbar. Vielleicht der Sinn, der über allem Geschehen im Kosmos steht. Auf alle Fälle liegen den Gedanken der Taoisten wohl tiefe Beobachtungen von Abläufen in der Natur und des Kosmos zu Grunde.
Die folgenden Zitate Laotses stammen aus: „Tao te king“ von Laotse (Autor), Richad Wilhelm (Übersetzer) – 17 Verse: Laotse, „Tao te king“, übersetzt von Richard Wilhelm. © 1998 Diederichs Verlag in der Verlagsgruppe Random House GmbH, München. Der Abdruck erfolgt mit freundlicher Genehmigung des Verlages.

Der SINN, der sich aussprechen lässt,
ist nicht der ewige SINN.
Der Name, der sich nennen lässt,
ist nicht der ewige Name.
>Nichtsein< nenne ich den Anfang von Himmel und Erde.
>Sein< nenne ich die Mutter der Einzelwesen.
Darum führt die Richtung auf das Nichtsein
zum Schauen des wunderbaren Wesens,
die Richtung auf das Sein
zum Schauen der räumlichen Begrenztheiten.
Beides ist eins dem Ursprung nach
und nur verschieden durch den Namen.
In seiner Einheit heißt es das Geheimnis.
Des Geheimnisses noch tieferes Geheimnis
ist das Tor, durch das alle Wunder hervortreten.



Im Taoteking stehen aber auch mannigfaltige Weisheiten über politische Führung, bzw. Führerschaft und Lebensführung schlechthin.

Wessen Regierung still und unaufdringlich ist,
dessen Volk ist aufrichtig und ehrlich.
Wessen Regierung scharfsinnig und stramm ist,
dessen Volk ist hinterlistig und unzuverlässig.
Das Unglück ist's, worauf das Glück beruht;
das Glück ist es, worauf das Unglück lauert.
Wer erkennt aber, dass es das Höchste ist,
wenn nicht geordnet wird?
Denn sonst verkehrt die Ordnung sich in Wunderlichkeiten,
und das Gute verkehrt sich in Aberglaube.
Und die Tage der Verblendung des Volkes
dauern wahrlich lange.

Das zweite große taoistische Werk geht auf Tschuangtse zurück, der ca. 200 Jahre nach Laotse lebte; allerdings haben wir auch über ihn nur legendäres Wissen. Auch ihm wurde von seinem Herrscher angeblich ein hohes Amt angeboten, was er, wie viele seiner taoistischen Gesinnungsgenossen, dankend ablehnte.

Dazu muss man wissen, dass chinesische Dynastien über Jahrtausende große, kompliziert aufgebaute Bürokratien errichteten. Die Beamten galten dann als qualifiziert, wenn sie ein möglichst großes, auswendig gelerntes Wissen aufwiesen. Sie verfügten über viel Macht und in manchen Dynastien sollen Willkür und Korruption geradezu ausgeufert sein.
Tschuangtses Werk „Das wahre Buch vom südlichen Blütenland" zeugt von ähnlicher Deutung des Begriffs Tao, wie von Laotse bekannt.



Man könnte sagen, dass mit diesem Werk ein Höhepunkt der taoistischen Philosophie erreicht ist. Tschuangtse hat die manchmal knappen, orakelhaften Aphorismen Laotses erweitert und ausgeschmückt.
Auch für ihn ist das Tao die unteilbare, undefinierbare, göttliche Intelligenz, die, ohne sich selbst zu verändern alles schafft, bewegt, verändert, alle Gegensätze in sich vereinigt.

Tschuangtse zeigte starke Abneigung gegen Politik und Führerschaft, er trat für geistige Freiheit und das Ablegen konservativer Konventionen und Zwänge ein. Für ihn waren Vorurteile und Egoismus die eigentlichen Begrenzungen des Geistes – die Freiheit und das Lebensglück sind demnach also nur in der Vereinigung des Selbst mit dem Tao möglich.

**Wenn auf Erden alle das Schöne als schön erkennen,**
**so ist dadurch schon das Hässliche gesetzt.**
**Wenn auf Erden alle das Gute als gut erkennen,**
**so ist dadurch schon das Nichtgute gesetzt.**
**Denn Sein und Nichtsein erzeugen einander.**
**Schwer und Leicht vollenden einander.**
**Lang und Kurz gestalten einander.**
**Hoch und Tief verkehren einander.**
**Stimme und Ton sich vermählen einander.**
**Vorher und Nachher folgen einander.**
**Also auch der Berufene:**
**Er verweilt im Wirken ohne Handeln.**
**Er übt Belehrung ohne Reden.**
**Alle Wesen treten hervor,**
**und er verweigert sich ihnen nicht.**
**Er erzeugt und besitzt nicht.**
**Er wirkt und behält nicht.**
**Ist das Werk vollbracht,**
**so verharrt er nicht dabei.**
**Und eben weil er nicht verharrt,**
**bleibt er nicht verlassen.**



*Alle chinesischen philosophischen Gedanken sind durchdrungen von der Vorstellung, dass alle Dinge und Situationen aus zwei polaren Kräften entstehen – dem Yin und Yang.*

Die Urmächte Yin und Yang sind demnach also die Kräfte, die durch ihr Wechselspiel auch das ganze Universum entstehen ließen.

Nach dieser Theorie gibt es eine Kraft, zwischen dem Yin und dem Yang, die das Universum und alles Leben bewegt – das Ch'i.

## Yin und Yang und Ch'i

Der Ursprung der Yin und Yang-Theorie lässt sich nicht genau datieren und liegt im Dunkeln der Geschichte. Sie entfaltete sich über 3 – 4000 Jahre. Sowohl in den Lehren des Konfutse als auch im Taoismus ist sie ein zentraler Bestandteil.
Die Idee der Polarität, die aus der Einheit entsteht, hat praktisch keinen Bereich der chinesischen Zivilisation außer acht gelassen: Die Philosophie, Lehren zur Staatsführung und Politik, die Architektur, das Geschäftsleben, die Kunst und besonders auch die Medizin.
Im Kapitel 42 bei Laotse heißt es:

**Der SINN erzeugt die Eins.**

**Die Eins erzeugt die Zwei.**
**Die Zwei erzeugt die Drei.**
**Die Drei erzeugt alle Dinge.**
**Alle Dinge haben im Rücken das Dunkle**
**Und streben nach dem Licht,**
**und die strömende Kraft gibt ihnen Harmonie.**

**Was die Menschen hassen,**
**ist Verlassenheit, Einsamkeit, Wenigkeit.**
**Und doch wählen Fürsten und Könige**
**sie zu ihrer Selbstbezeichnung.**
**Denn die Dinge werden**
**entweder durch Verringerung vermehrt**
**oder durch Vermehrung verringert.**
**Was andre lehren, lehre ich auch:**
**>Die Starken sterben nicht eines natürlichen Todes<.**
**Das will ich zum Ausgangspunkt meiner Lehre machen.**

Die traditionelle chinesische Medizin geht davon aus, dass der Körper dann gesund ist, wenn sich Yin und Yang im Gleichgewicht befinden. Ein zu starkes Yang führt zu übersteigerter Organtätigkeit, zu viel Yin zu einer Minimierung der Funktionen.

Die beiden Pole Yin und Yang stehen dauernd miteinander im Konflikt, sie ergänzen sich, gleichen sich aus. Alles, selbst der leere Raum, wird von einer Kraft, einer Energiequelle angetrieben, die Ch'i genannt wird, und die in diesem Wechselspiel zwischen Yin und Yang wirkt.

„Alle Dinge“ werden auch oft mit „die 10.000 Dinge“ bezeichnet. Dargestellt wurden sie schon im berühmtesten chinesischen Buch, dem I Ging, dem Buch der Wandlungen. Dort ist die gesamte Naturordnung und wohl jede menschliche Verhaltensweise in acht Trigrammen beschrieben. Den Rahmen dieses Buches würde es bei Weitem sprengen, darauf auch nur oberflächlich einzugehen.
Vereinfacht könnte man die Worte Laotses vielleicht mit folgendem Trigramm darstellen.

Tao
(die Einheit)

Yin und Yang
(die Polarität)

8 Trigramme
(alle Dinge)

Das Yin und Yang-Zeichen, das als Symbol für das T'ai Chi, das „höchste Letzte“, gilt, verdeutlicht, dass jeder Pol

den Kern des anderen in sich trägt. Zusammen bilden sie verbunden einen Kreis, sie sind also gleichzeitig eins und zwei.
Bemerkenswert ist, dass beide Teile nicht nur harmonische Rundungen, sondern jeweils auch eine scharfe Spitze aufweisen.
Später wird an Beispielen gezeigt, dass das Yin und Yang-Prinzip uns auch in unserem täglichen Handeln und in Führungsgrundsätzen begegnet, ganz besonders jedoch beim Praktizieren von T'ai Chi.

Hier nun einige beispielhafte Eigenschaften, um die Erscheinungen der Polarität zu beschreiben:

| **Yin** | **Yang** |
|---|---|
| weiblich | männlich* |
| passiv | aktiv |
| dunkel | hell |
| weich | hart |
| feucht | trocken |
| defensiv | aggressiv |
| ruhig | bewegend |
| zulassend | urteilend |



*(Das stimmt nicht mit Ausschließlichkeit. Ein Mann könnte im Vergleich zu einem anderen Mann durchaus den Yin-Anteil vertreten, das Gleiche gilt für die Frau.)
Übertragen auf Verhaltensweisen im Geschäftsleben lassen sich noch einige Eigenschaften nennen, wenn sie auch etwas konstruiert erscheinen mögen:

| | |
|---|---|
| intuitiv | rational |
| spontan | planend |
| visionär | gesetzmäßig |
| einheitlich | differenzierend |
| teamorientiert | hierarchisch |
| kreativ | methodisch |

Das mag reichen, um ein Gefühl für das Yin und Yang-Prinzip zu entwickeln.

**Sowohl-als-auch statt Entweder-oder**

*Ich bin fest davon überzeugt, dass viel Misserfolg und Streit ihre Basis in der Nichtbeachtung dieses dualen Prinzips haben.*
*Sehr viele kleine und große Konflikte sind vermeidbar, wenn die einseitige, trennende Denkweise nicht ständig Oberhand behalten würde.*

Jeder Dogmatismus und Fanatismus entsteht durch völlig einseitige Betrachtung von Denkweisen und Verhaltensformen.

*Im westlichen Gedankengut war immer das einseitige Urteilen, das kompromisslose Entweder-oder sehr ausgeprägt. In Asien neigte man viel mehr zum Sowohl-als-auch.*



Wir im Westen sind der Meinung, dass sich Gegensätze zwangsläufig ausschließen – ein ganz verhängnisvoller Fehler. Für uns ist etwas entweder groß oder klein, gut oder böse, richtig oder falsch, wir müssen nur unser Urteil fällen.

Als gutes Beispiel für diese fehlerhafte Wahrnehmung der Erscheinungsform mag das Licht herhalten:
Die Produkte unseres Unternehmens arbeiten zum großen Teil mit Laserlicht, und so hat mich dieses Thema auch in philosophischer Hinsicht beschäftigt.
Über einen langen Zeitraum hatten Wissenschaftler unterschiedliche Meinungen über die Natur des Lichtstrahls, dabei vertraten die einen die Wellen- die anderen die Teilchentheorie.
Es war scheinbar klar – wenn das Licht aus Wellen besteht, kann es unmöglich *auch* aus Teilchen bestehen!

Die Atomphysik Anfang des 20. Jahrhunderts bewies dann, dass Licht aus Teilchen (Photonen) besteht, die auch Wellencharakter haben. Man erkannte einen Welle-Teilchen-Dualismus, also ein klassisches Sowohl-als-auch.

Nicht Entweder-oder – auch wenn die normale menschliche Wahrnehmung das nicht vorstellbar macht – es ist dennoch wahr.

Zurück zur taoistischen Denkweise.
Wenn wir die Dinge wertfrei, einfach so wie sie sind, in ihrer Polarität betrachten und hinnehmen, machen wir uns das Leben dadurch viel leichter.
Das schnelle, „einpolige" Aburteilen – als vorherrschende Denkstruktur in der westlichen Welt – ist die Ursache mancher Misserfolge und Konflikte.



Zwei alltägliche Beispiele mögen illustrieren, warum die Wirklichkeit kaum einseitig betrachtet werden kann:
Sind Sie einsam, dann kann das für Sie qualvoll sein, oder aber Sie sind froh, sich mal selbst zu besinnen und Ihre Ruhe zu haben. Und morgen kann das wieder anders sein. Ist Einsamkeit nun gut oder schlecht?

Haben Sie viel Geld angehäuft, ist das für Sie vielleicht die Erfüllung all Ihres Strebens. Morgen ist es möglicherweise angsteinflößender, belastender Ballast.
Ist Besitz nun entweder positiv oder negativ zu sehen? Oder kann er sowohl Gutes bewirken als auch die Ursache aller möglichen Ängste sein?

Das mag zum Thema Polarität, ihr Wirken auf unser Denken und Tun reichen.
Vielleicht ahnen Sie schon einige Analogien für nicht ausgeglichene Lebensführung in Ihrem Bekanntenkreis oder in Ihrem Unternehmen.

Möglicherweise kennen Sie einen Freizeitjogger, der sich mindestens 20 km am Tag zur Vorbereitung auf den Dorfmarathon quält, um dann für Wochen seine Knie behandeln zu lassen.
*Vielleicht hatten Sie schon einen Abteilungsleiter, der 13 bis 15 Stunden am Tag ohne Ruhepause hektische Aktivitäten entfaltet hat; und dann vielleicht drei Monate Zwangspause hatte.*

**Downshifting – guter alter Wein in neuen Schläuchen**
In diesem Zusammenhang hat sich ein weiterer Modebegriff – natürlich ein anglizistischer – etabliert: Das „downshifting". Gemeint ist das Herunterschalten der Berufskarriere, um Freizeit und Familie mehr genießen zu können.
Wir hatten dieses Thema schon im ersten Kapitel behandelt.
Nichts gegen diese wohlklingenden „neuen" Theorien – gemeint ist aber wohl nichts anderes, als die Jahrtausende alte Weisheit des Yin und Yang-Ausgleichs.



Die Anhänger der „Downshifting-Theorie" könnten jetzt einwenden, dass dieses uralte Yin und Yang doch nichts mit den heutigen Verhältnissen in Großkonzernen zu tun hat. Doch Vorsicht: Chinesische Beamte, die damaligen Manager, arbeiteten unter manchen Schreckensherrschern, die bei Fehlleistungen nicht lange fackelten – Verbannung oder gleich Hinrichtung! Angst- und Stresssituationen waren an der Tagesordnung.

Die berühmtesten taoistischen Beamten, Laotse und Tschuangtse, waren somit vielleicht die ersten „Downshifter". Sie kündigten ihre Beamtenkarriere und wandten sich der Philosophie zu. Sie wollten Yin und Yang im Gleichgewicht halten.

**Das Paradoxon führt zur Erkenntnis**

Wie eingangs schon gesagt, bedient sich die taoistische Lehre oft der Paradoxa, um die Polarität darzustellen. „Wenn du es eilig hast, mache einen Umweg" ist wohl eine der Berühmtesten. Die Erfahrung in unserem Unternehmen bestätigt das in mannigfaltiger Weise. Nicht selten haben wir Laseranwendungen für den Markt entwickelt, die dann keine sofortige Anwendung fanden. Der scheinbare Flop wurde dann aber auf andere Applikationen übertragen und führte plötzlich zur Marktführerschaft. Viele andere Beispiele für erfolgreiche „Umwege" könnten hier angeführt werden.

Ich bin davon überzeugt, dass Menschen, die ihr Handeln stur und absolut dem geplanten Ziel unterordnen, häufig die wichtigen Dinge rechts und links des Weges nicht beachten und so viel versäumen.



Das T'ai Chi verinnerlicht die Yin und Yang-Denkweise ganz besonders deutlich. Man könnte sagen, dass die komplette Bewegungsform auf dieses Prinzip ausgerichtet ist.

*Der T'ai Chi-Übende wird, ob er will oder nicht, immer wieder mit dem Gedanken der Polarität in Berührung gebracht.*

Nach diesem taoistischen Exkurs zu den beiden Polen nun noch ein zweiter wichtiger Begriff, den die alten Meister geprägt haben, das Wu Wei.

## Wu Wei, das Tun durch Nichttun

Nun wird es scheinbar unmöglich, ein philosophisches Element in ein ernst zu nehmendes Managementprinzip zu übertragen. Mit einem Augenzwinkern und ohne Voreingenommenheit versuchen wir es einmal.

Wu Wei meint nicht Trägheit, geschweige denn Faulheit, auch nicht Passivität. Die „aktionslose Aktion" soll heißen, nicht ständig in den natürlichen Ablauf der Dinge einzugreifen. Also vergleichbar mit unseren „wohlgemeinten" Eingriffen in die Natur, der wir bekanntlich dadurch eher schaden als nutzen.

Das heißt nicht, Abläufe tatenlos geschehen zu lassen. Spontanes Lenken, dem Wesen des Ablaufs angepasst, kann gute Wirkung haben. Die alten Taoisten meinten wohl, dass es schädlich ist, dauernd etwas erzwingen zu wollen, sich ständig einzumischen.

Alles ist im Kosmos in ständiger Wandlung. *Im Taoismus wird es als ethisch betrachtet, diese Wandlung zunächst ihren eigenen Weg gehen zu lassen. Es wird als klüger angesehen, sich nicht der Wandlung entgegenzustemmen, schon gar nicht verblendet durch eigene Begierden und Wünsche.*



Gerade das T'ai Chi, aber auch Judo und Aikido, sind beste Beispiele dieser Verhaltensweise. Nicht durch eigene Angriffskraft, durch eigene Aktivität, wird der Gegner zu Fall gebracht, sondern durch das Ausnutzen der Angriffsbewegung des anderen. Mein chinesischer T'ai Chi-Lehrer war praktisch nicht da, wenn ich ihn im Kampfspiel angreifen wollte, er tat scheinbar nichts. Nicht durch eigene Kraft ließ er mich wieder und wieder auf dem Rasen landen, sondern durch Abwarten und sanftes Nachhelfen bei meinen viel zu einseitigen Angriffsaktionen.

Besonders kritisch sind Verhaltensweisen, bei denen eine Person ständig daran arbeitet, sich selbst in den Vordergrund zu stellen.
Der ständige Beweis eigener Überlegenheit und hoher Intelligenz verbraucht viel Energie, die an anderer wichtiger

Stelle dann fehlt. Es ist sozusagen das Gegenteil von Wu Wei.
Zu diesem übermächtigen Bedürfnis, zu allem und jedem seinen „Senf" zugeben zu müssen, hat Laotse sehr schöne Zeilen geschrieben.

**Der Wissende redet nicht.**
**Der Redende weiß nicht.**
**Man muss seinen Mund schließen**
**und seine Pforten zumachen,**
**seinen Scharfsinn abstumpfen,**
**seine wirren Gedanken auflösen,**
**sein Licht mäßigen,**
**sein Irdisches gemeinsam machen.**
**Das heißt verborgene Gemeinsamkeit (mit dem SINN).**
**Wer die hat, den kann man nicht beeinflussen durch Liebe**
**und kann ihn nicht beeinflussen durch Kälte.**
**Man kann ihn nicht beeinflussen durch Gewinn**
**und kann ihn nicht beeinflussen durch Schaden.**
**Man kann ihn nicht beeinflussen durch Herrlichkeit**
**und kann ihn nicht beeinflussen durch Niedrigkeit.**
**Darum ist er der Herrlichste auf Erden.**



*Wenn eine Führungskraft ihrer Natur nach handelt, nicht schauspielert, nicht sich selbst und andere manipuliert, wird sie wirkliche Autorität ausstrahlen.*
Ist Vertrauen in den Mitarbeiter und in seinen Arbeitsablauf vorhanden, so braucht nur spontan eingegriffen zu werden. Zum Beispiel dann, wenn Hilfe notwendig ist, oder wenn von außen völlig neue Situationen das Unternehmen beeinflussen. Wer ständig reinredet, mahnt, kommentiert, wird irgendwann nicht mehr gehört und auch nicht mehr ernst genommen.
Diejenigen, die ständig die Welt verbessern wollen, haben oft größtes Unheil angerichtet. Prof. Hans H. Hinterhuber

hat in seinem Buch „Strategische Unternehmensführung" auf dieses typische Verhalten westlicher Manager als „Macher" hingewiesen, auf die klassische Einstellung: „Ich allein weiß, was gut für dich ist."
Seiner Ansicht nach ist der Erfolg des hartarbeitenden Machers aber nur kurzfristiger Natur – die Machertugenden „werden zum Hindernis oder zur Untugend, wenn es darum geht, sensibel auf neue und sich erst schwach abzeichnende Möglichkeiten zu reagieren" (aus: Hans H. Hinterhuber: Strategische Unternehmensführung; Erich Schmidt Verlag, Berlin, 7. Auflage 2004).

Weiter schreibt er: „... nicht durch ‚Machen' wird die Welt gewandelt, sondern durch Dienen und Helfen." – Er empfiehlt den Weg des Laotse, „wohlzutun und nicht zu schädigen, zu wirken und nicht zu streiten".

*Das ist Wu Wei als Prinzip des T'ai Chi in Reinkultur, geschrieben von einem sehr berühmten Ökonomen in einem Lehrbuch der Betriebswirtschaft.* 

**Verhaltensänderung durch Wu Wei**
Wu Wei als Handlungsweise, das wird wohl offensichtlich, ist ein hoher Anspruch, der nicht nur den Einsatz von Intelligenz, sondern des ganzen Wesens, des ganzen Naturells erfordert. Und es erfordert die Bereitschaft, sich selbst zu prüfen, sich selbst kennenzulernen, Veränderungen zuzulassen und zu gestalten.

Ich erinnere mich an ein Gespräch mit einem Finanzjournalisten, der dieses Führungsprinzip als unrealistische Beruhigungsphilosophie, im knallharten Wettbewerb seines Unternehmens nicht ansatzweise anwendbar, bezeichnete. Er selbst praktizierte eine der „harten" Kampfsportarten, wobei der sportliche und kämpferische Ansatz für ihn dominierte. Er hatte sich zwar auch etwas mit T'ai Chi und

Taoismus beschäftigt, nahm diesen „Sport" aber nicht ganz ernst. Zwar sagte er es nicht deutlich, aber für ihn war T'ai Chi etwas für „Weicheier" und damit lag er ja gar nicht so weit von der Wahrheit entfernt.

Ich glaube, er meinte auch, dass diese Wu Wei-Lehre etwas für selbstsüchtige Individualisten sei. Eine Philosophie sozusagen für faule Hunde.
Vielleicht hatte er ja recht, und für seine Arbeit in einem großen Verlag mochte das auch zutreffend gewesen sein. Aber der „faule Hund" gibt mir gerade zu denken:

**Der Hund als Lehrer**
Mein Bodo räkelt sich wohlig in der Sonne oder er jault, wenn er bei Regen ins Haus will. Bei Müdigkeit schläft er, aber selbst im Schlaf ist er aufmerksam und wacht über Haus und Hof. Ist er hungrig, frisst er, ist er satt, lässt er den Rest einfach stehen. Wir Menschen schauen, wenn wir hungrig werden, zur Uhr, um festzustellen, ob es bereits Essenszeit ist. Bodo sieht die Dinge so, wie sie sind und lässt ihnen ihren Lauf. Keine hinderlichen Vorstellungen können seine Lebenseinstellung verstellen. Morgens wartet er geduldig, bis ich fertig bin zum Jogging im Wald. Er weiß genau: Jede Drängelei nützt bei dem Alten überhaupt nichts.
T'ai Chi findet er langweilig, besonders die Lange Form. Er weiß aber genau, wann sie zu Ende ist und liegt dann vor mir auf dem Rücken, um gekrault zu werden.
Wenn er im Teich schwimmt, scheint er der glücklichste Hund der Welt zu sein.
Seinen Zustand könnte man dann „das höchste Letzte" nennen – er badet dann sozusagen im Taoismus.

Raymond Smullyan hat in seinem Buch „Das Tao ist Stille" viele, auch buddhistische Weisheiten über den Hund dargestellt.

## Sind Regeln das Lebensglück?

Aber nun mal im Ernst und ohne Richtungsstreit: *Ich kenne kein wirklich erfolgreiches Unternehmen, bei dem alles bis ins Detail reglementiert ist, und bei dem für jede denkbare Situation eine Anweisung existiert. Zumindest nicht ein kleineres, innovatives Technologieunternehmen.*
*Keine Gebotssammlung – auch nicht die berühmten 10 Gebote – hat bewirken können, dass sie nicht ständig übertreten wird.*

Je mehr Steuerverordnungen ein Staat hat, desto intensiver ist die Steuerhinterziehung. Inzwischen gibt es in Deutschland so viele Steuerverordnungen, dass auch die prüfenden Beamten den Überblick verloren haben.
Aktuell lässt sich die Ohnmacht der Finanzpolitiker dadurch erkennen, dass sie kurzerhand die Verjährungsfristen für Steuerdelikte verlängern wollen, damit sie der Flut von Einsprüchen und Prozessen noch Herr werden. Bei der Anzahl sich ständig verändernder Steuerverordnungen weiß kein Mensch mehr, ob seine Steuererklärung korrekt ist.

**Dass das Volk hungert,**
**kommt davon her,**
**dass seine Oberen zu viele Steuern fressen;**
**darum hungert es.**
**Dass das Volk schwer zu leiten ist,**
**kommt davon her, dass seine Oberen zu viel machen;**
**darum ist es schwer zu leiten.**
**Dass das Volk den Tod zu leicht nimmt,**
**kommt davon her,**
**dass seine Oberen des Lebens Fülle zu reichlich suchen;**
**darum nimmt es den Tod zu leicht.**
**Wer aber nicht um des Lebens willen handelt,**
**der ist besser als der, dem das Leben teuer ist.**

Die DDR hatte so viele Eingriffe bis ins intimste Privatleben, dass die Überwacher letztlich in der Informationsflut ertranken.
Nichts gegen Gebote, Gesetze, Strukturierungen und Anordnungen. Jeder weiß, dass unsere komplizierte Welt ohne sie nicht denkbar ist. Notwendig ist jedoch, dass der Irrglaube aufhört, dass eine hohe Quantität von detaillierten Anweisungen unser Leben glücklicher und erfolgreicher macht. Das gilt nach meiner Überzeugung auch für Wirtschaftsunternehmen.

Wu Wei bedeutet natürlich nicht, den Dingen ihren Lauf zu lassen, um eigene egoistische Motive zu befriedigen. In der Zeit unseres Börsengangs 1998, dem Jahr des Börsenbooms, zeigten einige Institutionen, dass Vorsicht, Zurückhaltung und klares Denken nur noch wenig Bedeutung hatten. Um den Finanzmarkt glücklich zu machen, wurde fast jedes Unternehmen zum Börsengang zugelassen – nicht Gewinne, betriebswirtschaftliche Gegebenheiten und klare Firmenstruktur waren gefragt. Vielmehr benötigte man eine in die 5-Jahreszukunft projizierte Erfolgsstory für Produkte oder Dienstleistungen, die nur auf dem Papier zu existieren brauchte.
Unser Unternehmen, damals über 20 Jahre alt, mit bewiesenen 15%igen Umsatzrenditen und eingeführten Produkten, galt im Gegensatz dazu als etwas altbacken, eigentlich nicht dazugehörig zur Goldgräberzeit. Unsere „Prüfung" durch die Deutsche Börse dauerte nur ca. 30 Minuten.



Das war Wu Wei in scheinbarer Reinkultur und die Pleiten ließen nicht lange auf sich warten.

**Überregulierung schützt nicht vor Krisen**
Heute ist das Pendel zur anderen Seite ausgeschlagen:
Es gibt neben dem Aktien- und Handelsgesetz inzwischen neun (!) weitere Gesetze, die einen Börsengang betreffen

und die uns für alle Zeiten als öffentliche Aktiengesellschaft begleiten. Auch wenn es langweilt, ich möchte sie hier allesamt aufzählen:

- Corporate Governance Kodex
- Bafin-Leitfaden
- Börsenzulassungsverordnung
- Wertpapierhandelsgesetz
- Wertpapierprospektgesetz
- Börsengesetz
- Wertpapiererwerbs- und Übernahmegesetz
- Gesetz zur Unternehmensintegrität und Modernisierung des Anfechtungsrechts
- Transparenzrichtlinien-Umsetzungsgesetz

Es handelt sich insgesamt um 667 Seiten Gesetze und Vorschriften, die sich seit Jahren hektisch in immer kürzer werdenden Abständen ändern. Wenn dieses Buch gedruckt wird, werden es wahrscheinlich schon viel mehr sein.



Die kleinen und mittelständischen Unternehmen stöhnen unter der Last der Verordnungen und dem Zeit- und Kostendruck.

Diese Regulierungswut ging jedoch an der Kontrolle des globalen Investmentbankings völlig vorbei. Auf der Basis ungesicherter Kredite wurde Fondkapital in mehrstelliger Milliardenhöhe kreiert. Das waren virtuelle Vermögenswerte, die an kleine und große Investoren verkauft wurden.

Die Kontrolle dieser Großbanken überließen die Regierungen der Welt zwei privaten Ratingagenturen in den USA.

Das Geflecht von Banken, ihren Zweiggesellschaften, über die die Geldströme flossen, erkannten die zuständigen Bankenaufsichtsbehörden kaum, geschweige denn, sie hätten ein Konzept für Eingriffe gehabt.

Das hat mit Wu Wei und Taoismus nun wirklich nichts mehr zu tun.

Die aktiv Handelnden waren geldgierig und skrupellos, die „Kontrolleure“ ignorant, inkompetent – kurz ratlos.

In dieser Situation ist für ein Kleinunternehmen ein Börsengang natürlich völlig aussichtslos.
Allerdings ist die Fremdkapitalbeschaffung auch keine echte Alternative.
Kreditverhandlungen mit Banken führt man nur noch mit Gesprächspartnern, die letztlich nichts entscheiden. Sie sammeln oft nur Daten und in der Bankzentrale wird dann anonym entschieden. Aber lösen wir uns jetzt von Gedanken über die Finanzwelt

Ich glaube, es ist klar geworden, dass die Einbindung von Wu Wei in das Management nicht einfach zu verstehen und noch schwerer durchzuhalten ist.
Aber derjenige, der es kann, wird mehr Respekt und wahre Autorität haben und letztlich erfolgreicher sein als der methodische Macher, der alles und jedes durchregelt.
*Wu Wei basiert auf dem Vertrauen zum Mitarbeiter, in seine Fähigkeiten und in seine Eigenverantwortung.*

**Herrscht ein ganz Großer,**
**so weiß das Volk kaum, dass er da ist.**
**Mindere werden geliebt und gelobt,**
**noch Mindere werden gefürchtet,**
**noch Mindere werden verachtet.**
**Wie überlegt muss man sein in seinen Worten!**
**Die Werke sind vollbracht, die Geschäfte gehen ihren Lauf,**
**und die Leute denken alle:**

**<Wir sind frei.>**

Dieser Führungsstil macht sicherlich auch mehr Spaß als das Erzwingen von Resultaten – möglicherweise noch aus egoistischen Motiven heraus, wie Eitelkeit und Machtstreben.
Also könnte ein guter Manager in mancher Situation erst mal überlegen, ob er etwas sagt oder tut – oder vertraut und einfach abwartet, was geschieht.

Gleichmut, Natürlichkeit, Spontaneität und mehr und mehr praktiziertes Nichteingreifen führen zu einem erfolgreicheren Management.

## Yin und Yang – T'ai Chi und Gesellschaft

T'ai Chi und das Yin und Yang-Prinzip stehen nicht isoliert in der Welt wie eine abstrakte philosophische Theorie. Sie sind ein ganz praktischer Teil des Ganzen!
Beim T'ai Chi-Üben beachten wir sehr aufmerksam unsere Umgebung – beim Kapitel „T'ai Chi als Wettkampf" gehe ich darauf noch detailliert ein.
Warum sollte – und wie könnte – dies für die Wahrnehmung des weiteren Umfelds, also der gesellschaftlichen Belange und ihrer Veränderung, anders sein?
Wen lassen schon Lebensumstände von Menschen der südlichen Hemisphäre unberührt? Ökologische und gesundheitliche Aspekte interessieren sicherlich auch jedermann. Mir liegt zudem die Entwicklung junger Menschen ganz besonders am Herzen.
Es ist unausrottbar, das totale Versagen von Jugendlichen pauschal zu beklagen. Gewalttätig, unfähig, faul und vielleicht auch noch Ausländer – die Liste der Urteile ist schnell bei der Hand.
„Früher war alles besser" – ein Spruch, der über die Jahrhunderte gebetsmühlenartig wiederholt wurde.

Meine Eltern, ihre Verwandten und Freunde hatten Weltwirtschaftskrise, politisches Chaos, Diktatur und einen unvorstellbar grausamen Krieg mit Vertreibung aus der Heimat in den Knochen. Einen Yin und Yang-Ausgleich – gute und schlechte Zeiten – haben sie kaum kennengelernt. Trotzdem wurde in den 50er-Jahren die Vergangenheit verklärt und schöngeredet. Gleichzeitig erschien ihnen die heranwachsende Jugend als ein hoffnungsloser Sauhaufen.

Meine Erfahrung heute geht überhaupt nicht in diese Richtung. Nicht nur, weil ich zwei Söhne habe, die selbstständig ihr sinnvolles Leben führen.
Wir haben in unserem kleinen Unternehmen wahrscheinlich weit über 100 Auszubildende in ihr Berufsleben eingeführt – alle mit Erfolg, ohne Ausnahme. Auf Messen habe ich sehr viele junge Menschen kennengelernt, die fähig, erfolgreich und auch noch fröhlich waren.
Trotzdem sind mir in den letzten 30 Jahren brisante gesellschaftliche Veränderungen aufgefallen. Die betreffen zwar nicht nur heranwachsende junge Menschen, aber doch im besonderen, besorgniserregenden Maße.

**Das Vergessen des Yin und Yang-Prinzips**

*Ich bin fest überzeugt, dass eine der großen Veränderung darin besteht, dass das Yin und Yang, das Ausleben der Polarität, mehr und mehr verloren geht. Oft wird einer der Pole völlig einseitig überbewertet, oder ein anderer vernachlässigt.* Dieses Fehlen von Balance führt dann zu größten Problemen.



Sehr viele Beispiele könnten hier zur Verdeutlichung angeführt werden. Lassen Sie meinen „inneren Zufallsgenerator" einige herauspicken.
Es gibt in den Entwicklungsländern eine zunehmende Verknappung der Nahrungsmittel. Menschen leiden Hunger und das ist ein dramatisches, ein tödliches Problem. Weder die armen Länder selbst, noch die reichen Staaten haben das nachhaltig verändern können. In Afrika ist es Realität, dass die Länder mit der höchsten Entwicklungshilfe in dieser Hinsicht am schlechtesten abschneiden.
In der westlichen Welt dagegen haben wir ein Problem der Fülle. Werbung und politische Versprechungen versuchen ständig zu suggerieren, dass Fülle lebenswichtig, erreichbar und erstrebenswert ist und dies besonders den jungen Menschen.

Ein regelrechtes Hungergefühl ist bei uns nahezu unbekannt, oder zumindest sehr selten.

Fastfood-Essgewohnheiten lassen Hunger gar nicht erst zu. Wird das kleinste Leeregefühl aus dem Magen gemeldet, wird sofort nachgeschoben.
Die Überlegung ist häufig weniger, *was* gegessen wird, sondern ob die Portion normal, groß, sehr groß oder XXL sein soll. Das gleiche Auswahlverfahren kann gleich auf Coca Cola® übertragen werden – XXL entspräche dann 48 Stück Würfelzucker bei der Kalorienberechnung. Orte der Kalorienzufuhr sind die Straße, das Auto, der Schulhof bzw. Campus oder der Arbeitsplatz.

Das Hungergefühl spüren, das Essen genießen, sich der Sattheit erfreuen – dieses Yin und Yang wird immer weniger praktiziert.
Die Tatsache, dass Fastfood-Ketten immer mehr Kunden finden, könnte man mit einem Achselzucken abtun. Nur – der Gegenpol, mit seinen negativen Auswirkungen, ist natürlich nicht zu verhindern. Es ist die Übergewichtigkeit großer Teile der Bevölkerung – leider auch vieler junger Menschen, die zu allen bekannten, zahlreichen Erkrankungen führt und erwiesenermaßen auch zu einer geringeren Lebensqualität und Lebenserwartung.



In den Supermärkten werden an den Kassen in Augenhöhe der Kinder immer noch Süßigkeiten platziert, um sie hier mit ihrer ersten Droge bekannt zu machen. (In Augenhöhe der Jugendlichen und Erwachsenen stehen übrigens die Zigarettenschachteln und die „Flachmänner".)

*Mangel und Hunger dort – Krankheit durch Fülle hier. Das Fehlen der ausgeglichenen Yin und Yang-Bilanz hat verheerende Folgen.*

Das zieht sich durch alle möglichen Bereiche, auch in der Wirtschaft. Dazu ein weiteres, zufällig gewähltes Beispiel:

Die europäischen Fischfangflotten haben ihre eigenen Meere – Mittelmeer, Nord- und Ostsee – bedrohlich leergefischt. Die investierten schwimmenden Fabriken müssen aber den Bedarf decken und die Zinsen sind abzuzahlen. Also fischt man vor der westafrikanischen Atlantikküste, und entzieht der dortigen Bevölkerung eine ihrer Lebensgrundlagen.
Die einheimischen Fischer mit ihren kleinen Holzbooten haben überhaupt keine Chance.
Was passiert? Aus Verzweifelung versuchen junge Menschen aus dem Senegal mit ihren Küstenschiffchen über den Atlantik (!) die Kanarischen Inseln zu erreichen – oft von mafiosen Organisationen teuer angebotene Seefahrten, die haarsträubend gefährlich sind, sodass nur ein Teil der „Auswanderer" Spanien erreicht.

Dort werden sie dann in aufwendig erbauten Lagern untergebracht, oft ausgewiesen und rücktransportiert, um einige Zeit später wieder am Strand anzukommen.

In diesem Fall ist Yin und Yang völlig außer acht gelassen, aber wir stellen auch hier fest, dass einseitiges Handeln zwangsläufig die Kehrseite der Medaille aufdeckt.
Noch ein Yin und Yang-Beispiel, das Fische zum Thema hat: Der Bodensee wurde über Jahrzehnte so beharrlich verschmutzt, dass er seine Funktion als größtes Trinkwasserreservoir Mitteleuropas zu verlieren drohte.
Dann, als die einseitige Belastung zum Fiasko wurde, begannen die drei Anrainerstaaten, Kläranlagen einzusetzen. Dies wurde aber mit solcher Gründlichkeit getan, dass das Wasser viel zu sauber wurde. Der Algenwuchs dezimierte sich derart, dass der Fischbestand dramatisch zurückging – zum Leidwesen der dortigen Berufsfischer und Hobbyangler.

In den gemütlichen Restaurants am schweizer, österreichischen oder deutschen Ufer kommt kaum noch die wohlschmeckende frische Bodenseefelche auf den Teller. Jetzt gibt es gefrorenen Atlantikfisch.

Bekanntlich können Sie ein gutes Glas einheimischen Weines nur genießen, wenn Sie sich die Mühe des Schmeckens und Testens gemacht haben. Dann können Sie unterscheiden und feststellen, ob Ihnen diese Sorte zusagt. Die Alternative ist, Sie trinken den Wein aus Massenherstellung, der den allgemeinen weltweiten Geschmackstrend genau trifft, und der durch alle möglichen chemischen Tricks aktuell dahin geformt wird.

Die kleinste psychische Verstimmung kann mit Hilfe von Medikamenten schnurstracks in die unterste Schublade verbannt werden. Oder man lässt sie ruhig mal zu, um die darauffolgende gute Laune viel besser genießen zu können.



Eine fiebrige Erkältung kann zum sofortigen Großeinsatz beim Hausarzt und Apotheker führen. Ist dann der Heilungsprozess, das Gesundwerden, überhaupt noch richtig wahrnehmbar? Gibt es dann noch das schöne Gefühl der Dankbarkeit? Ich fürchte Nein.

Die Polarität wird künstlich behoben, geglättet, also „plattgemacht". Das Wort „plattmachen" erinnert mich an ein Gespräch mit einer Bekannten, die sich über die zunehmenden Stunden beklagte, die ihr 15-jähriger Sohn mit ziellosem Internetsurfen verbrachte.
In meiner ganzen Naivität riet ich ihr, ihren Filius an den Kosten zu beteiligen, um eine Nivellierung des Problems zu erreichen. Sie schaute mich nur bedauernd an und sagte: „Wie denn – wir haben Flatrate!" Dem Jungen war also nicht mehr klarzumachen, dass Internetkonsum Geld kostet, das zumeist mit Mühe verdient werden muss.

**Yin und Yang sind nicht abschaltbar**

Das Plattmachen, das Vermeiden der Polarität, ist nur scheinbar ein Fortschritt.

*Yin und Yang, die Polarität, kann nicht abgeschaltet werden. Wenn die Balance verloren geht, wenn einseitiges Handeln überhand nimmt, meldet sich irgendwann ein anderer Pol.*

Auch im Managerdasein ist die verlorene Balance ein großes Problem:

In einer der größten deutschen Sonntagsausgaben einer Tageszeitung, die besonders für ihre wirtschaftliche Kompetenz bekannt ist, las ich eine Anzeige, die mir wirklich einen Schrecken einjagte:

Eine große Privatklinik für psychosomatische Erkrankungen warb für die Behandlung von Depressionen, Herzrasen, Angstproblemen, usw.



Man verfügte über drei Kliniken, eine in den neuen Bundesländern. Das besondere Angebot waren Not- bzw. Akutaufnahmen und sofortige Behandlungen!

Die Anzeige war nicht billig, und drei Kliniken müssen erst mal unterhalten werden.

Die Zielgruppe war ziemlich eindeutig, denn die Zeitung wird besonders von Führungskräften gelesen. Der Inserent verfügte anscheinend über beste Marktdaten der potentiellen Kunden. Über Menschen, die zu einpolig gelebt haben, dringend den zweiten Pol benötigen und am Yin und Yang, am T'ai Chi, völlig vorbeilebten. Möglicherweise aus Unwissenheit, oder gefangen in einem aufgesetzten Optimismus und Glauben, dass einseitiges Ausleben eines Pols vielleicht anderen schadet – aber natürlich nicht der eigenen Person.

*T'ai Chi kann ein Leitfaden sein. Eine ständige Erinnerung daran, dass nach Hektik die Ruhe, nach Reden das Zuhören, nach der Arbeit und Mühe die Feier, der Genuss folgen sollte.*

T'ai Chi und das Bewusstwerden des Yin und Yang-Prinzips bewirken nicht zwangsläufig den Erfolg und Wohlbehagen, aber sie können dafür die Basis schaffen. Und es könnte helfen, dass hoffentlich nie auf das Angebot der Großklinik zurückgegriffen werden muss.

## T'ai Chi – ein wenig Historie

Die Verbindung von geistiger und körperlicher Bewegungspraxis ist in China schon vor fast 2000 Jahren in das Gedankengut eingegangen. Beispielsweise wurden die Bewegungsformen von Tieren wie Tiger, Bären, Schlangen und Vögel adaptiert, zu gezielten Bewegungen und auch als Kampfkunstsystem eingesetzt.

Die Geschichte des T'ai Chi, besonders die Ursprünge, liegen weitestgehend im Verborgenen. Es gibt eine Mischung aus Fakten, Theorien und überlieferten Legenden, und man sollte sich am besten einfach an den schönen Geschichten erfreuen.



Gesichert ist, dass der Bodhidharma, ein indischer Mönch, um 480 n. Chr. nach China reiste, und dort den Buddhismus verbreitete. Er ist somit wohl der geistige Vater der Chan/ Zenmeditation, die sich später in Japan etablierte.
Um 520 n. Chr. ließ er sich in der Provinz Henan nieder, wo sich das sagenumwobene Shaolinkloster befand. Bereits in Südindien in Kampfkunst ausgebildet, soll er hier zwecks Körperertüchtigung der Mönche diese Kunst verfeinert und gelehrt haben. Dabei kam es in erster Linie darauf an, Kraft, Schnelligkeit und Geschicklichkeit zu trainieren.

### Äußerer und innerer Kampfstil

Noch heute wird die Shaolinkampfkunst von vielen Chinesen als *äußerer* Kampfstil angesehen.

Die am meisten verbreitete Legende zum T'ai Chi-Ursprung ist die des Zhang Sanfeng, der im 12. Jahrhundert zunächst die *äußeren* Kampfkünste (Kung Fu) erlernte. Um zur Vollendung zu gelangen, soll er einen taoistischen Gelehrten um Rat gefragt haben, der ihn in taoistischen Praktiken, den *inneren* Künsten, unterwies.
Zhang Sanfeng war es dann auch, der angeblich in den Wudangbergen den Kampf einer Schlange mit einem Kranich beobachtete, bei dem der Vogel den eleganten Bewegungen der Schlange nichts entgegenzusetzen hatte und dessen Angriffe somit erfolglos blieben.
Diese Beobachtung und als Weiterführung vielleicht eine Synthese der verschiedenen Kampfkünste sollen der Ursprung des T'ai Chi sein.



*Das Yin und Yang-Prinzip und die innere geistige Lenkung des Ch'i, also die Entfaltung der inneren Kraft, waren die Grundlage dieser Kampfphilosophie.*
Noch heute wird T'ai Chi deshalb als inneres Kampfsystem bezeichnet.
Nicht Muskelkraft, sondern gelenkte Energieströme sollten die Basis für eine unüberwindliche Kampfkunst sein.
Weichheit und Flexibilität sollten anstelle von Härte und Kraft zum Erfolg führen.

Man könnte also unterscheiden zwischen dem äußeren Kampfstil des buddhistischen Shaolinklosters und dem inneren, taoistischen Stil, der in den Wudangbergen gepflegt wurde. Allerdings beinhalteten wohl schon immer alle chinesischen Stilrichtungen sowohl innere als auch äußere Aspekte der Kampfkunst.

Übrigens finden wir nicht selten die Bezeichnung T'ai Chi Ch'uan (oder Taijiquan nach neuerer Schreibweise). Ch'uan bedeutet „Faust“ und weist auf die Herkunft als Kampfkunst hin.

Wenn auch beim T'ai Chi heute mehr und mehr der meditative und gesundheitliche Aspekt im Vordergrund steht, ist die Basis letztlich in der Selbstverteidigung zu sehen. Nur wenn wir die Bewegung auf die ursprüngliche Kampfanwendung zurückführen, wird die Lenkung des Ch'i ermöglicht.
Anders gesagt, die Bewegungsrichtung, die sich aus der Kampfkunst ergibt, ist Richtung des Ch'i-Flusses. Jede Bewegung erhält dadurch aus der Kampfanwendung heraus ihren Sinn – wir wissen, was wir tun, und beschränken uns nicht auf harmonische Bewegungsabläufe.
Zurück zur Kurzhistorie.

**Die Entwicklung der heutigen T'ai Chi-Stile**
In verschiedenen Familienclans wurden unterschiedliche T'ai Chi-Stilformen entwickelt und das überlieferte Wissen wurde meist unter größter Geheimhaltung nur an engste Familienangehörige – meistens an die Söhne – weitergegeben.
Im 12. Jahrhundert wurde mit dem Chen-Stil der erste moderne T'ai Chi-Stil entwickelt, aus dem sich alle weiteren Stilformen herleiteten – so der Sun- und der Wu-Stil und ab Anfang des 19. Jahrhunderts der Yang-Stil. Dieser ist heute mit Abstand weltweit am verbreitetsten.

Die Machtübernahme der Mandschu über China in der Mitte des 17. Jahrhunderts hatte auch Einfluss auf die T'ai Chi-Entwicklung. Die danach gegründete Ching-Dynastie ging immer mehr in der chinesischen Kultur auf. Trotzdem wurden die Mandschu von den Chinesen noch Jahrhunderte lang als Barbaren angesehen und den „Fremden" wollte man die innere Kampfkunst des T'ai Chi keinesfalls preisgeben.
So soll der Meister Yang Lu Ch'an am Hofe der Machthaber nur die äußeren Formen, nicht aber den geistigen Inhalt des T'ai Chi-Systems gelehrt haben.

## Yang Lu Ch'an (1799–1872)

ist der Begründer des Yang-Stils, also der inneren T'ai Chi-Kampfkunst. Er wurde von der Chen-Familie unterrichtet, zog dann durch China und besuchte zahlreiche taoistische Klöster. Er perfektionierte seine Kampfkunst derart, dass er als unbesiegbar galt. Allerdings wurden seine Gegner nie verletzt, und er brauchte im Kampf im Grunde nur eine einzige Bewegung. Er wurde auch „Yang – der Unbesiegbare" und „Yang – der nicht kämpft" genannt. 1850 wurde er oberster Leibwächter des Kaisers und Ausbilder der Leibgarde. Er lehrte auch den Kaiser selbst und die Prinzen. Diese Position behielt er bis zum Lebensende.



Für etwa 100 Jahre wurde also T'ai Chi zu einer Art langsamer Gymnastikübung degradiert. Die geistigen Inhalte, die Lenkung des Ch'i und auch die meditative taoistische Grundlage, fanden nur im engsten Familienkreis weiterhin Beachtung.

Bis zum Ende der Ching-Dynastie, dank der Revolution 1900 bis 1910, war T'ai Chi demnach weitgehend eine Modebewegung, die mit innerer Kampfkunst nur entfernt zu tun hatte. Auch heute wird T'ai Chi teilweise noch als langsame Bewegungsfolge in Gruppen ballettähnlich geübt.

In den 50er-Jahren gründete man in der Volksrepublik China einen Sportverband, den offiziellen Wushu-Verband, der alle chinesischen traditionellen Kampfsportarten

erfasste. Dabei verzichtete man weitestgehend auf Unterscheidungen traditioneller Stilrichtungen, sondern schuf stattdessen ein einheitliches, „modernes" Wushu.
So wurde die weit verbreitete Yang-Stilform verkürzt und abgewandelt zu den 24 Bewegungsbildern des Pekingstils. In Schulen und Universitäten wurden wohl Millionen Chinesen damit vertraut gemacht, und heute kann man diese Form am häufigsten in den Parks der chinesischen Großstädte beobachten.
Sie wird auch in meinen Kursen, neben den Yang-Stilformen, vermittelt, allerdings unter Einbeziehung der alten Prinzipien.
Ich habe morgens in chinesischen Parks durch die Pekingform oft eine gemeinsame Sprache mit zumeist älteren Übenden gefunden. Nach anfänglichem Staunen über den langnasigen „Taichisten" endete das meist in freundlichem Gelächter.



Heute pflegt man in China wieder die traditionellen Kampfsportarten, also auch die uralten T'ai Chi-Stilrichtungen. Man hat T'ai Chi nach der Kulturrevolution als Volksschatz wiederentdeckt. Der Kampfsport hat sich weitgehend gewandelt zur Lenkung der Aufmerksamkeit auf sich selber – der „Kampf" findet mit dem Selbst statt.
*Der meditative Charakter des T'ai Chi steht heute im Vordergrund, die Konzentration auf die geistige Lenkung der Energie bei den Bewegungsformen ist der weitaus wichtigste Aspekt der Übungen.*

Das Ausschalten von Gedankenwirrwarr, die beruhigende Wirkung auf energieraubende Emotionen wie Neid, Wut, Ärger, usw. erscheinen auch mir für gestresste Menschen aktuell viel wichtiger als angewandte Kampfkunst.

Kampfanwendungen dienen aber wie gesagt zur Erläuterung der einzelnen Bewegungsformen.

Erwähnt sei noch, dass neben den verschiedenen Handformen in allen Stilrichtungen auch Waffenformen entwickelt wurden. Gelehrt werden Formen für Schwert, Säbel, Speer, Stock und Fächer – selbst für den Spazierstock wurde eine Form kreiert. (Vielleicht werden die Nordic Walker auch bald bedacht ...)
Manche T'ai Chi-Schüler sind zu wahren Formensammlern geworden. Ich will das nicht werten, aber in manchen Fällen ist die Nähe zum Konsumdenken unverkennbar.
Jede Handform, selbst die relative einfach erlernbare Pekingform, kann nach vielen Jahren der Übung noch verfeinert werden.
Die Verwendung einer Waffe erweitert allerdings die Lenkung des Ch'i und stellt daher schon eine andere Qualität des T'ai Chi dar. Waffenformen sind in der Regel viel dynamischer als Yangstil-Handformen. Sie stellen damit eine sportlichere Bewegungsqualität dar.

# Prinzipien des T'ai Chi – ein Spiegel des Geschäftslebens

Alle Bewegungen des T'ai Chi, egal welcher Stilrichtung, basieren auf bestimmten Prinzipien. Sie korrelieren fast alle mit Lehren des Taoismus. Man kann bei einem T'ai Chi-Übenden sofort erkennen, ob er diese Prinzipien kennt und sie anwendet, oder ob er lediglich angelernte Bewegungsformen langsam abarbeitet.
Für mich hat das Prinzip der geistigen Lenkung der Energie und der Bewegung erste Priorität. Es sollte nicht auswendig Gelerntes stereotyp wiederholt werden. Vielmehr geht es um Achtsamkeit für jede Bewegung, letztlich und im weiteren Sinne für gewahrsames Handeln, und dann auch auf die Übertragung in den Alltag. Achtsame, natürliche Bewegung spürt man an sich selbst sehr intensiv aber auch der Zuschauer sieht sofort diese Authentizität der Bewegung.



Thema dieses Buches ist es nicht, detailliert und tief in die T'ai Chi-Lehren alter Meister einzusteigen. Außerdem sind diese Traktate oftmals sehr schwer verständlich, weil sie auch bewusst verschlüsselt aufgesetzt wurden.
Einige Prinzipien sind aber sehr eindeutig, und die Übertragbarkeit auf Verhaltensweisen im Alltag des Geschäftslebens ist für mich aufregend und spannend.

Auf der nächsten Seite folgt ein verkürzter Auszug aus der grundlegenden Schrift des T'ai Chi Ch'uan von Yang Luchan.

## Auszug aus der Schrift des Yang Luchan

Jede Bewegung soll leicht und beweglich ausgeführt werden. Alle Teile des Körpers sind wie Perlen auf einer Schnur miteinander verbunden. Das Ch'i soll angeregt werden, aber der Geist bleibt still und ruhig.

Die Bewegungen dürfen nicht unterbrochen oder ungleichmäßig werden. *Die Energie wurzelt in den Füßen, strömt durch die Beine, wird durch die Taille gelenkt und wirkt durch die Hände.* Füße, Beine, Taille bilden eine Einheit und werden bei jeder Bewegung koordiniert. Der Geist leitet alle Bewegungen, nicht der Körper, da die Bewegungen ansonsten äußerlich bleiben.



Greifst du oben an, verliere nicht die Aufmerksamkeit für unten. Willst du links angreifen, vernachlässige nicht die rechte Seite. Drängst du vorwärts, lenke die Energie erst nach unten. Voll und leer, Yin und Yang sind zu unterscheiden, dies durchzieht alle Bewegungen des T'ai Chi Ch'uan. Alle Gelenke hängen wie eine Kette zusammen. *T'ai Chi gleicht einem Ozean.*

# Tief verwurzeln

Yang Luchan schreibt: „Die Energie wurzelt in den Füßen, strömt durch die Beine, wird durch die Taille gelenkt und wirkt durch die Hände."

Es beginnt also beim festen, verwurzelten Stand. Das Üben des geerdeten Stehens, des Sinkens, wird auch heute noch von allen chinesischen Lehrern als Voraussetzung angesehen, um beim T'ai Chi zu einer gewissen Meisterschaft zu kommen.
Das Wahrnehmen aller Körperteile vom Scheitel bis in die Fußsohlen, das Spüren und Lösen aller Blockaden und Verspannungen, die Lenkung der Energie bis in die Erde hinein – das alles ist die Basis für die Bewegung in den T'ai Chi-Formen oder für den Wettkampf.

**Das Gewichtige ist des Leichten Wurzel.**
**Die Stille ist der Unruhe Herr.**

**Also auch der Berufene:**
**Er wandert den ganzen Tag,**
**ohne sich vom schweren Gepäck zu trennen.**
**Mag er auch alle Herrlichkeiten vor Augen haben:**
**Er weilt zufrieden in seiner Einsamkeit.**
**Wie viel weniger erst darf der Herr des Reiches**
**in seiner Person den Erdkreis leicht nehmen!**
**Durch Leichtnehmen verliert man die Wurzel.**
**Durch Unruhe verliert man die Herrschaft.**



T'ai Chi-Schritte sind gekennzeichnet durch klare Gewichtsverlagerungen vom „vollen Bein" zum „leeren Bein". Die Schritte sind zudem in der Regel etwas seitlich versetzt und sorgen so für Stabilität des ganzen Körpers.

Dabei wird die Gewichtsverlagerung nach vorn von Anfängern gern etwas übertrieben, sie lehnen sich zu sehr vorwärts und sind dadurch ganz leicht aus dem Gleichgewicht zu bringen.

Das „leere“ Bein Das „volle“ Bein



Das Gefühl, verwurzelt zu stehen, ist beim T'ai Chi also essentiell, die bewusste Erdung verhilft uns zu einem engeren Verhältnis zur Schwerkraft. In manchen Sequenzen muss man für Sekunden auf einem Bein stehen, wobei dann die mentale Vorstellung eines tief verwurzelten Standbeins ganz wichtig ist.

In der Grundstellung auf beiden Beinen stehend, haben wir in einem Seminar erstaunlichste Ergebnisse erlebt. Mit der Vorstellung, wie ein Felsen zu stehen, der zu zwei Dritteln im Sand steckt, oder auch mit der Imagination, tiefe Wurzeln im Boden zu schlagen, konnte der Teilnehmer sich für einige Minuten konzentrieren, um seine Standfestigkeit dadurch mental immens zu verbessern. Dabei habe ich es erlebt, dass ein 100 kg schwerer, kräftiger Mann eine schlanke, leichte Frau nicht von der Stelle schieben konnte. Ihre Verwurzelung und Standfestigkeit waren perfekt.

Auch im folgenden kleinen Experiment mit einer jungen

Frau, die vorher nie das Verwurzeln geübt hatte, kamen wir zum gleichen Ergebnis.
Wie ist ein solcher Effekt möglich?

Das Geheimnis ist das Sinken.

Es wird kein Gegendruck zum Gegner aufgebaut, sondern die Energie sinkt durch den ganzen Körper in die Erde und dies geschieht bei größtmöglicher Gelöstheit aller Körperteile.

**Vor der mentalen Verwurzelung – Marlene ist leicht aus dem Gleichgewicht zu bringen. Ich benötige nur wenig Kraft, um sie zur Seite zu stoßen.**

**Sie hat niemals Qigong oder T'ai Chi praktiziert. Trotzdem kann sie den festen Stand und die Balance ohne Probleme halten, obwohl ich mit großer Energie „angreife".**

## Der feste Stand führt zum Erfolg

Mit beiden Beinen sicher auf dem Boden zu stehen, entspricht das nicht einer wahrhaft „Goldenen Regel", auch im Geschäftsleben?

*Ein fester Standpunkt einer Führungsperson strahlt Vertrauen, Sicherheit und Klarheit aus. Er suggeriert Zuverlässigkeit und eben nicht Opportunismus und Umfallermentalität.* Der Verhandlungspartner weiß, woran er ist, auch wenn er nicht gleicher Meinung sein sollte.

Standfestigkeit heißt aber nicht Sturheit oder Starrheit.

Die T'ai Chi-Bewegungen gehen vor, zurück, zur Seite, nach unten und oben. Sie versinnbildlichen große Flexibilität und Weichheit aber immer auf der Basis fester Verwurzelung.

Ob Mitarbeiter, Kunden oder Lieferanten – sie alle spüren genau, ob unsere Worte und Handlungen sozusagen geerdet sind, oder ob wir beliebig hin- und herschwanken. Der Gegenüber kann uns sicherer einschätzen, und die Verhandlung hat größere Chancen für gutes Gelingen.

Im Umkehrschluss sind – nach meiner Erfahrung – viele Verhandlungen zum Scheitern verurteilt, weil zumindest *ein* Teilnehmer keinen festen Standpunkt hatte oder zeigte. Diese Erkenntnis klingt so trivial und wird doch so oft vernachlässigt.

Ganz besonders wichtig ist Standfestigkeit und Flexibilität bei Verhandlungen zum Börsengang, und hier meine ich zuallererst die Gespräche mit potentiellen Emissionsbanken. Seien Sie sich darüber im Klaren – die Investmentbanker auf der anderen Seite des Tisches haben 100 mal mehr Erfahrung in derartigen Diskussionen als Sie. Es ist meistens seit vielen Jahren ihr Job.

Wenn es um Bewertung, Provisionen und Gebühren geht, spüren sie sofort die kleinste Unsicherheit und werden versuchen, diese auszunutzen.

Sie stehen meist selbst unter enormen Druck. Mit Starrheit und Aggressivität können sie spielend umgehen, nutzen wird nur der gelassene, in sich ruhende, feste Standpunkt und die Möglichkeit, einseitige Forderungen flexibel abgleiten zu lassen.

Sie könnten jetzt zurecht fragen, was ein verwurzelter T'ai Chi-Stand mit Standfestigkeit bei Verhandlungen zu tun hat. Nach meiner Erfahrung hat er. Durch permanentes bewusstes und gewahrsames Üben wird eine eindeutige, standfeste Verhaltensweise im Alltag und im Geschäftsleben verinnerlicht. Das Sinken und Erden wird auf diesem Wege zum Lebensprinzip.

Christa Proksch, eine überaus erfahrene T'ai Chi-Lehrerin, schreibt dazu:
„Haltung und Beziehung zur Umwelt bedingen sich wechselseitig. Ist man im übertragenen und buchstäblichen Sinne gut geerdet, liegt im Ausweichen auf die Dauer mehr verändernde Potenz als in der unnachgiebigen Konfrontation."

In taoistischen Gleichnissen wird für „Ausweichen" gern die Analogie von dem flexiblen Weidenbaum benutzt, dessen Äste den Schnee abgleiten lassen, wogegen die Äste der starren Kiefer unter der Schneelast brechen.

Das Lesen oder Hören von Lebensweisheiten und über Verhandlungsgeschick ist für eine Anregung, für die erste Erkenntnis, sicherlich eine Basis. Leider ist es mit uns in der Regel so eingerichtet, dass wir auch schnell wieder vergessen und verdrängen. Erkenntnisse der Lern- und Behaltenstheorie zeigen, dass erst persönliches Anwenden dem Vergessen entgegenwirkt.
*Das beständige, bewusste Üben der T'ai Chi-Formen kann immer wieder ein Hinweis und Weckruf sein, gerade in Situationen, wo wir das Vergessen und Verdrängen bei uns selbst bemerken.*



**Crashkurs Weiterbildung**
Unter dem Pseudonym Richard Gris hat einer der Startrainer für Mitarbeiterschulung gerade ein sehr bezeichnendes Buch veröffentlicht: „Die Weiterbildungslüge".
Offensichtlich vom Saulus zum Paulus gewandelt, sagt er, dass viele Unternehmen für sinnlose Kurzseminare ihr Geld verbrennen und zu neunzig Prozent eine „Weiterbildung" für ihre Mitarbeiter betreiben, die an den Gesetzen von Lernen und Veränderung völlig vorbei geht.
Das ist meiner Erfahrung sehr ähnlich.
Dieser Unfug ist vergleichbar mit Crashdiäten, die ein paar Wochen später mit leichter Gewichtszunahme enden.

Veränderung funktioniert nur langfristig, das gilt für Essgewohnheiten und Weiterbildung gleichermaßen. Durch dauerndes Üben neuer Verhaltensweisen, durch Einsicht und langfristiges leben neuer Werte.
Für mich war der Weg dazu mit T'ai Chi vorgezeichnet.
T'ai Chi wird mich, davon bin ich überzeugt, immer wieder daran erinnern, die Prinzipien in den Alltagssituationen im Auge zu behalten, mein Verhalten mehr und mehr daran auszurichten.

## Aufrechte Haltung bewahren

Aufrecht stehen heißt nicht kerzengerade oder stramm stehen.
„Erhobenen Hauptes" mit entspannten Schultern und natürlich aufgerichteter Wirbelsäule werden die T'ai Chi-Übungen durchgeführt. Dabei fallen die Schultern nicht nach vorn, aber die Brust wird auch nicht verkrampft herausgedrückt. Der Bauchraum ist ebenfalls völlig entspannt. Das Becken ist locker und die Knie sind in der Regel leicht und federnd gebeugt.
Bei jahrelanger Übung prägt das die gesamte Körperhaltung und damit wohl auch die geistige Haltung.



*Ein Verhandlungspartner, der mit gesenktem Kopf, eingefallener Brust und hängenden Schultern auftritt, wird es in der Regel etwas schwerer haben, sein Ziel durchzusetzen. Sein geducktes Auftreten suggeriert Unsicherheit. Er schafft kein Vertrauen in seine Person und verleitet seinen Gegner geradezu, ihn noch tiefer zu beugen.*
Wenn dem Kunden Preisvorstellungen in der Verhandlung klar und in aufrechter Haltung genannt werden, ist die Wirkung aufrichtig und erscheint stichhaltig. Zögerlich gebeugt vorgetragen, sich selber klein machend, gibt es sofort Raum für negative Fantasien; z. B. der Idee, dass mit

der Höhe des Preises etwas nicht stimmt. Umgekehrt, wenn Sie sich wie ein Diktator zinnsoldatenartig, verkrampft aufstellen und unflexibel ihr Verhandlungsziel darstellen, wird sofort Gegendruck und gleichfalls Krampf entstehen. Jedenfalls kein Verhandlungserfolg.

Es ist meine feste Überzeugung: Wenn natürliche, aufrechte Haltung regelmäßig trainiert wird, wirkt sich das auf die gesamte Persönlichkeit aus. Das aufrechte Leben verspricht in allen Lebensaspekten mehr Erfolg, und das macht selbstverständlich nicht vor dem Geschäftsleben halt.

**Aufrechte Haltung – aufrechtes Verhalten**

In der Businesswelt gibt es wahrscheinlich nur wenige aufrechte Heilige, wie in den meisten anderen Berufsgruppen auch. Warum sollte das anders sein?



Aber Nachrichten über Bestechlichkeit und Korruption in Millionenhöhe haben mit aufrechter Lebenseinstellung nichts mehr zu tun.

Wenn ein Konzernchef, der als „Opfer" einer feindlichen Übernahme, sich vor Gericht eine Abfindungssumme in zweistelliger Millionenhöhe als rechtlich korrekt bestätigen lässt, dann hat er scheinbar einen Erfolg errungen. Ein Rechtsbruch war nicht beweisbar. Aber ist das wirklich ein Erfolg, für alle Zeiten als Abzocker eingestuft zu werden?

Wenn Konzern-Betriebsräte mit Sexorgien bestochen werden müssen, fehlen wohl die Worte, dazu fällt nichts mehr ein. Diese Menschen tun einem nur noch leid. Aber lassen wir den erhobenen Zeigefinger unten, er sollte eigentlich gar nicht nach oben gehen.

Meine Geschäftsbeziehungen mit Partnern, Vertretern und Kunden haben nicht selten zu engen persönlichen Kontakten und sogar Freundschaften geführt. Unser heutiges Management führt das soweit wie möglich fort.

Wie kann man sich einem Freund gegenüber anders verhalten, als in aufrechter Einstellung? Das hat nichts damit zu tun, sich als besseren Menschen darzustellen, es ist langfristig für das Geschäft einfach erfolgreicher und sinnvoller als ein trickreich erzielter, kurzfristiger Gewinn.
Für einen Menschen, der viele Jahre aufrechte Haltung im T'ai Chi übt, werden sich, davon bin ich überzeugt, Tricks, Übervorteilung und Egozentrik im Repertoire von selbst eliminieren.

## Entspannen – locker bleiben – loslassen

Entspannung ist wohl das wichtigste T'ai Chi-Prinzip, wird von vielen Übenden aber unterschätzt oder auch falsch verstanden.
Die chinesischen Meister verstehen darunter nicht nur reine Muskelrelaxation, also die *Ent*spannung von einer *An*spannung, die in einem westlichen Therapiesystem Einzug gehalten hat. Vielmehr wird wachsame Sensibilität, Leichtigkeit in der Bewegung, Nachgiebigkeit, Sanftheit und achtsamer, sparsamer Einsatz der Energie gemeint.
Beobachten Sie eine Katze und Sie finden die beste Analogie. Ihre Beute beobachtend, ist sie ganz locker und schnellt bei ihrem Angriff plötzlich los, vergleichbar mit einem Peitschenschlag.
Der Zustand der Entspannung ist, so könnte man sagen, die Grundlage des T'ai Chi, ohne diese Basis wird alles noch so fleißige Üben wenig Wirkung haben.

Mit anderen Worten:
*Ein verspannter Mensch wird weder vernünftig T'ai Chi üben können, und genauso wenig kann er verkrampft eine Verhandlung oder ein Meeting führen.*
*Beides braucht er gar nicht anzufangen. Besser ist es, den Termin zu verschieben.*

Um Verspannungen oder gar Verkrampfungen abzubauen, heißt es also vor jeder T'ai Chi-Übung: Vorbereiten mit beruhigender Atmung und Bewegung – Körper und Geist zu einem gewissen Frieden kommen lassen. Schon die einleitende Übung vor jeder Form „Wecke das Ch'i" ist eine solche Einleitung, die zur Gelassenheit führt.

Für mich ist die Kombination Autogenes Training (AT) mit T'ai Chi dabei besonders wertvoll.

## Autogenes Training (AT)

Eine auf Autosuggestion beruhende Entspannungstechnik, die von dem Psychiater J. H. Schultz 1927 erstmals vorgestellt wurde.
Basis war seine Hypnosetherapie und die Beobachtung der entspannten Haltung von Droschkenkutschern, die auf die nächste Fahrt warteten. Heute ist Autogenes Training eine weitverbreitete Methode, um Stress und psychosomatische Störungen zu behandeln. „Autogen" bedeutet „selbst hervorgerufen".



Dabei reicht nach jahrelangem Üben schon eine kurze Selbstsuggestion der AT-Formeln (z. B. Strömen durch die Arme und sanfte Atmung) – schon kommt die entsprechende Wirkung und die Verhandlung kann weitergehen.

Als Vorbereitung sind auch Übungen des Jahrtausende alten chinesischen Qigong ideal.

Diese Übungen können jederzeit im Sitzen, Stehen oder Liegen praktiziert werden.

## Qigong

Qigong ist eine zumeist atemgeführte Meditations-, Konzentrations- und Bewegungsform, die auch in der Traditionellen Chinesischen Medizin (TCM) Eingang gefunden hat. Die Übungen sollen der Anreicherung und dem ungehinderten Fluss des Ch'i dienen. Erste Anleitungen für derartige Bewegungsformen sind schon ca. 2500 Jahre alt – unter dem Begriff Qigong sind sie seit den 50er-Jahren zusammengefasst.
Chinesische Medizin zielt seit jeher darauf hin, Gesundheit zu erhalten, anstatt Krankheit zu heilen – Qigong kommt dabei besondere Bedeutung zu.
Es gibt hunderte verschiedener Richtungen des Qigong mit unterschiedlichen Gewichtungen für Ruhe und Entspannung, natürliche Bewegung, Atmung, mentale Vorstellungen oder Töne. In mancher Literatur wird auch T'ai Chi dem Qigong zugeordnet. In meinen Seminaren werden zwar Qigong-Übungen eingestreut, dienen jedoch mehr zur Vorbereitung der T'ai Chi-Übungen.



Noch einmal – eine derartige Vorbereitung gilt nicht nur für T'ai Chi! Beginnen Sie niemals eine wichtige private Besprechung, ein Geschäftsmeeting oder eine komplizierte Arbeit in geistiger und körperlicher Verspanntheit.
Dabei ist Entspanntheit und Lockerheit eben nicht mit Schlaffheit oder Schläfrigkeit zu verwechseln. Ganz im Gegenteil: Wie beim T'ai Chi sind wir voll strömender Energie und hellwach. Mein chinesischer T'ai Chi-Lehrer hat immer wieder betont: Sei entspannt – aber nicht völlig ohne Spannung.

**Die Ankerkette als Analogie**
Wir könnten als Analogie den Zustand einer Kette, die Verbundenheit der Kettenglieder, benutzen, dies wurde schon in der Schrift des Yang Luchan erwähnt.
Von mir dazu eine übertragbare Erfahrung aus einem ganz anderen Bereich.
Eine meiner Leidenschaften ist das Segeln. Dabei haben wir oft in engen Buchten geankert. Wenn das Schiff sicher liegen soll, ohne ans Ufer zu treiben, darf der Anker mit 20 bis 30 Meter Kette nicht einfach auf einen Haufen auf den Grund geworfen werden, das Schiff könnte bei zunehmendem Wind dann unkontrolliert treiben. Das hört sich selbstverständlich an, wird aber oft genug von Hobbykapitänen nicht beachtet. In diesem Fall hätten die Kettenglieder also überhaupt keine straffe Verbindung miteinander. Der Anker sollte vielmehr fest im Grund und die Kette leicht auf Spannung liegen, die Glieder komplett miteinander verbunden, dann liegt das Schiff sicher wie in Abrahams Schoß! Je nach Wind und Strömungsgegebenheit bewegt es sich leicht, buchstäblich geerdet. Die Kettenglieder bleiben also flexibel verbunden, aber die Kette ist nie starr.
Genauso die T'ai Chi-Bewegung: Vom Fuß bis zu den Fingerspitzen sind alle Gelenke verbunden, nicht starr aber auch nicht schlaff und dabei ist der ganze Körper entspannt.



Zum Thema Verspannung und Stress komme ich an anderer Stelle noch ausführlicher.
Hier möchte ich zunächst meine Erfahrung weitergeben, dass einfache, entspannende Übungen oft mein „Rettungsanker" waren, um verkorkste Situationen zu entflechten, also im wahrsten Sinne zu ent-spannen.
Das gelang sogar auf Messen, wo es immer draußen ein ruhiges Plätzchen gab oder in einer kleinen Verhandlungsauszeit.
*Ja, selbst während stürmischer Meetings habe ich öfter und öfter kleine mentale Entspannungsübungen praktiziert*

*oder durch ruhiges, bewusstes Atmen meine Erregung heruntergeregelt – eine oft unschätzbare Hilfe.*

**Entspannung als ruhiger, überlegter Zustand**
Toyo und Petra Kobayashi haben zum Thema Entspannung einen wertvollen Hinweis in ihr Buch „T'ai Chi Ch'uan" geschrieben: „Das Üben der Entspannung in Bewegung ist ein wichtiger Aspekt des T'ai Chi Ch'uan. Entspannen in einer Ruhehaltung ist verhältnismäßig leicht zu verwirklichen und hat vielfältige positive Auswirkungen. Wenn wir uns aus der Ruhestellung hinausbegeben, fallen wir jedoch meist wieder in unsere gewohnte Bewegungsweise zurück. Da wir einen großen Teil des Tages in Bewegung verbringen, hilft uns T'ai Chi Ch'uan, auch im täglichen Leben entspannter zu sein."

Niemand kann immer entspannt und stressfrei sein – das kann kein Ziel sein. Die wichtigen Dinge des Lebens sollte man aber möglichst nicht in völlig verspanntem Zustand ausführen.

T'ai Chi und Entspannung lösen selbstverständlich keine sachlichen Probleme.
Wenn der erhoffte Auftrag beim Konkurrenten gelandet ist, bekommt man ihn auch nicht mit der 24-Pekingform zurück.
*T'ai Chi macht sozusagen nicht das Leben einfacher, leichter. T'ai Chi will überhaupt nichts „machen". Es wirkt so gut, weil es keinen Zweck haben will.*
Auf jeden Fall kann das lockere Üben der T'ai Chi-Formen in einen ruhigen, überlegten Zustand zurückversetzen, der uns handlungsfähiger macht und uns nach vorn blicken lässt.

*Mit „entspannen" ist, wie ich schon eingangs erwähnte, nicht nur die Lockerung von Muskeln gemeint. Vielmehr geht es zusätzlich um das innere Loslassen. Das ist ein*

*geistig seelischer Prozess, und er führt buchstäblich zur Gelassenheit, zur völligen Losgelassenheit.*
Dieser Zustand befreit von allen kurzfristigen Wunschvorstellungen, von Erfolgsdruck, von jedem Zwang. Er führt zur Unabhängigkeit. Er wird auch vom Verhandlungspartner unbewusst wahrgenommen, dieser spürt, dass jeder Druck wenig Aussicht auf Erfolg haben wird.
Genau dieser Zustand hilft bei der wichtigen Verhandlung mit den Investmentbanken. Wir gehen in der Regel nur einmal im Leben mit einem Unternehmen an die Börse. Also – in dieser einmaligen, wichtigen Verhandlung sollte kein Raum für Verspanntheit, Krampf und schädliche Emotionen sein.

Wenn dieser Zustand der Losgelassenheit erreicht wird, entwickelt sich ein tiefes, gelassenes Selbstbewusstsein und daraus Selbstvertrauen.



**Arroganz – Selbstbewusstsein**
Mit dem Begriff Selbstbewusstsein wird landläufig ein forsches, sicheres Auftreten assoziiert, vielleicht sogar gepaart mit einer Portion Aggressivität. So richtige Draufgänger sind gemeint. Ein bekannter Topmanager, der ständig ein überlegenes Lächeln zur Schau trägt, hat das vor ein paar Jahren beispielhaft nach einem Gerichtsprozess demonstriert. Er war in der Verhandlung gerade noch einmal mit einem „blauen Auge" davongekommen. Aber er zeigte vor laufender Kamera mit zwei Fingern das „Victory"-Zeichen, wie einst Winston Churchill, von dem er aber nur eine blasse Kopie darstellte. Das war wohl mehr Arroganz – kein Selbstbewusstsein.
Nein, ein derartiges Selbstbewusstsein ist aufgesetzt, es entsteht nicht aus der inneren Losgelassenheit und aus dem uneingeschränkten Vertrauen in sich selbst.
*Dieses Bewusstsein, die Selbsterkenntnis und das Vertrauen in das eigene Wesen ist aber notwendig, wenn das*

*Vertrauen in die eigenen Intuitionen und Entscheidungen wachsen soll. Hier liegt einer der Schlüssel für ein erfolgreiches und sinnvolles Geschäftsleben.*

## Erst einmal tief durchatmen

Es wurde schon die Wirkung der ruhigen und tiefen Atmung erwähnt. Das möchte ich noch etwas weiter ausführen.
Sowohl Qigong- als auch T'ai Chi-Bewegungen sind „atemgeführt". Wenn Sie wollen, könnten wir Qigong als atemgeführte Heilgymnastik bezeichnen, auch wenn diese Aussage bei Weitem zu kurz gegriffen wäre.
Nicht nur in der mehrere Tausend Jahre alten chinesischen Kultur, auch im alten Indien, bei den Ägyptern und Griechen – in allen Hochkulturen wurde gelehrt, dass Atmung nicht nur etwas einseitig körperliches, sondern auch ein geistiger Vorgang ist.
Für Atem und Geist gibt es häufig ein und denselben Begriff: Prana, Pneuma, Spiritus, Odem, usw.
Die alten Weisen wussten, dass Atmung längst nicht nur den Austausch von Sauerstoff und Kohlenstoff bedeutet. Man könnte sagen, Atem ist Leben, Leben im Rhythmus.



Wir atmen meistens zu wenig und zu flach – oft nur bis in die Kehle, vielleicht gerade noch in den oberen Teil der Brust. Zudem atmen wir häufig noch sehr schlechte Luft. Die Tiefenatmung, ruhig und gleichmäßig, führt die T'ai Chi-Bewegungen und hat großartige psychophysische Wirkung auf unser Wesen. Ein T'ai Chi-Meister empfahl, nicht nur durch die Nase, sondern auch von der Ferse her zu atmen. Was er damit wohl meinte, war bewusste Atem- und Ch'i-Lenkung vom festen Stand bis in die Hände.

Zurück zum schwierigen, manchmal buchstäblich atemlosen Dasein des „geplagten" Managers!

*Wer kurz und flach atmet, ist meist nervös und wenig belastbar. Der großzügig Denkende und Handelnde atmet auch großzügig und tief!*
*Tiefes Atmen verhilft zur Inspiration (lat. Einatmung), falsches Atmen engt ein, physisch und psychisch.*
Bei einem flachen Atemzug füllen wir die Lungen vielleicht mit einem halben Liter, bei einer bewussten tiefen Einatmung vervielfacht sich diese Menge!
Das bedeutet mehr Sauerstoff, bessere Entschlackung, mehr Energie – einfach bessere Voraussetzung für höhere Lebensqualität.

Haben Sie es nicht auch schon oft erlebt, dass Ihnen Worte von Gesprächspartnern in einer Verhandlung „glatt den Atem verschlagen"? Die nächste deutsche Redensart passt genau – „erst mal tief durchatmen", ein paar Atemzüge – dann erst überlegt antworten!

Wer „einen langen Atem" hat, ist der Erfolgreiche. Sportliche Ausdauerleistungen verlangen tiefen Atem und – glauben Sie mir – Ausdauer im Geschäftsleben auch.

T'ai Chi ist der ideale Lehrer zur Vorbereitung auf schwierigste Verhandlungspartner – auch des Atemtrainings wegen.

## Das Zentrum des Körpers

Dantien bedeutet für die Chinesen das Zentrum des Körpers, etwa vier Finger breit unter dem Nabel gelegen. Ein wesentlicher Punkt der Zentrierung für verschiedenste Meditationspraktiken, der besonders durch gezielte Atmung fühlbar wird. Japaner nennen dieses Zentrum „Hara", die Inder „Nabel Chakra".

Bei Abgespanntheit und Müdigkeit machen Sie am besten eine kleine Pause. Irgendwo ein offenes Fenster, oder ein ruhiges Plätzchen, und dann 10 bis 15 Mal tief ein- und ausatmen. Besonders wirksam ist das in Verbindung mit einer einfachen Qigong-Übung. Besonders die ruhige Atmung in das Dantien, in den unteren Bauchraum hinein, schafft neue Energie und Gelassenheit.

Meine Erfahrung lehrt, dass dann die Welt wieder anders aussieht. Mit frischen Gedanken und mehr Wohlgefühl werden die eigenen Voraussetzungen für Erfolg eindeutig besser. Ich habe diesen „Trick" während vieler Verhandlungen, auch in der Zeit des Börsenganges, viele Male angewendet – die Wirkung war durchweg wirklich erstaunlich. Von einer Minute zur anderen fühlte ich mich frischer – wie aufgeladen.

In meinen Kursen sind Atemübungen fester Bestandteil, nicht nur bei T'ai Chi-Bewegungen. Immer wieder wird mir bestätigt, wie sich allein das Spüren der eigenen ruhigen Tiefenatmung positiv auf die Psyche auswirkt.



## Zentriert und in der Mitte bleiben

Die Zentrierung stellt in der Tat ein „zentrales" Prinzip des T'ai Chi und des Alltagsverhaltens dar.

Wenn T'ai Chi-Anfänger nach einigen Monaten die eine oder andere Bewegungssequenz erlernt haben, merken sie oft etwas frustriert, dass diese Übungen doch noch völlig anders als beim geübten T'ai Chi-Lehrer aussehen.
Zumeist macht der Schüler die „richtigen" Arm- und Schrittbewegungen. Er macht sie auch schon langsam und gleichmäßig, aber – die Bewegung kommt nicht aus der Mitte, aus der Taille, heraus und dann wirkt die ganze Übung gekünstelt, wie von außen gesteuert.

Noch einmal sei zur Erinnerung unser alter Meister Yang Lu Ch'an zitiert. Von der Verwurzelung in den Füßen wird die Energie nach der Übertragung durch die Beine von der Taille gesteuert, um dann erst durch den Rücken zu fließen und letztlich die Arme zu bewegen.
Die Lenkung jeder T'ai Chi-Bewegung erfolgt also durch die eigene Mitte, durch die Taille. (Nicht durch Hüfte und Becken, wie es oftmals fehlerhaft übersetzt wird.)

Sie werden wahrscheinlich schon selbst die Analogien zum Alltag, zum Geschäftsleben vorausahnen.
Was an angelernten Phrasen, mit antrainierter Mimik, mit Handgefuchtel dargestellt wird, erkennt der Kontrahent zumindest unbewusst als nicht authentisch.
Es wirkt gekünstelt, wie ein gezwungenes, aufgesetztes Lächeln.
Egal, ob in einem Vortrag oder in einer Verhandlung: *Seien Sie Sie selbst, argumentieren Sie aus dem Innern, aus der Mitte heraus! Das ist so wichtig, scheinbar so einfach und wird doch so oft missachtet.*
Besonders von Politikern, die sich ihre Reden vorschreiben lassen. Oder die nicht ihre Meinung, sondern die offizielle Lesart der Partei oder Fraktion gebetsmühlenartig wiederholen.
Die Spezies Politiker sind übrigens bis auf ganz wenige Ausnahmen beste Beispiele für nicht authentisches Reden und Handeln. Sie sind wahre Lehrbeispiele zur Demonstration dessen, wie man es nicht praktizieren sollte.
Nach einer verlorenen Wahl sind sie dann oft völlig verwundert darüber, dass der Wähler ihnen nicht gefolgt ist.
Sie beklagen auch oft die immer geringer werdende Wahlbeteiligung!
Die Ursache ist aber sehr einfach auszumachen: Alles, was sie sagen, wirkt auswendig gelernt, hundertmal wiederholt, ohne jedes Engagement, die eigene Mitte überhaupt nicht mehr spürend.

Einmal in meiner Laufbahn habe ich versucht, einen Vortrag mit Hilfe einer kompletten Textvorlage zu halten – es war ein Desaster. Meine erste Hauptversammlungsrede 1999 als Vorstandsvorsitzender hatte ich, naiv wie ich damals war, auf nur einer DIN-A4-Seite strukturiert. Damals war das für mich selbstverständlich – das Unternehmen, die Partner und Mitarbeiter, die Produkte, die Kunden, alle waren sozusagen Teil meines Selbst! Was ich zu sagen hatte, war einfach meine Überzeugung, ich brauchte keine rhetorischen Tricks. Es kam auch nicht darauf an, eine Statistik zu übersehen oder dass ein Versprecher die Rede unterbrach.
Es lag natürlich längst nicht nur an meiner Rede, aber danach gingen die Stimmung der Aktionäre und der Kurs auf Höchststand.
Ähnlich war es bei der Präsentation unseres Unternehmens zum Börsengang durch uns drei Vorstände. Immer wenn die Passagen kamen, bei denen wir – weg von Zahlen und Prognosen – aus der Mitte heraus überzeugten, bemerkte man deutlich die positive Resonanz des Publikums, der Analysten und Investoren.



**Auch bei Hauptversammlungen – zentriert bleiben**

Heute, zehn Jahre danach, sieht die Praxis leider anders aus.
Es gibt derart viele Vorschriften und Einschränkungen für die Redetexte der Hauptversammlungen, dass die Vorträge der Vorstände und die Versammlungsführung durch den Aufsichtsrat fast einschläfernd wirken. Die Spontaneität aus der Mitte heraus fehlt völlig, gähnende Langeweile macht sich breit, und viele Versammlungsabläufe könnten voneinander kopiert sein.
Die Reden werden komplett von der Vorlage abgelesen, damit bei reichlich nichtssagenden Statements möglichst wenig Angriffsfläche geboten wird – schon gar keine rechtliche Angriffsfläche. Der eigentliche Sinn der Hauptversammlung, die Aktionäre aber auch die Mitarbeiter,

Kunden, Geschäftspartner zu motivieren, oder gar mitzureißen, ist oft völlig aus den Augen verloren. Aber nur aus der Mitte heraus lassen sich Visionen wirklich darstellen.

Visionäre, mitreißende Ansprachen sind allerdings für eine Gruppe von Aktionären zumindest schwierig zu gestalten. Es gibt einige Aktionäre, die von bis zu 100 Aktiengesellschaften jeweils eine einzige Aktie erworben haben und die fast ebenso viele Hauptversammlungen jährlich besuchen. Ich behaupte nicht, dass sie das nur wegen des Buffets oder eines Geschenkes praktizieren.
Manche von ihnen üben aber auch konstruktive Kritik und können aufgrund ihrer Erfahrung sogar wertvolle Hinweise zum Verfahrensablauf der Hauptversammlung geben.
Nachdem mich, ehrlich gesagt, diese Aktionärsgruppe anfangs ziemlich genervt hatte, suchte ich später immer mehr ihren Kontakt. Wir bekommen von ihnen oft wichtige Tipps für die Gestaltung von Geschäftsberichten, man erfährt eine Menge über andere Aktiengesellschaften und ihren Fehlern – mit einem Satz: guter Rat, der nicht teuer ist.
Vermeintliche Aufdringlichkeit ließen wir abgleiten, daraus erwuchs Nutzen und fast Zuneigung. Ein wahrhaft T'ai Chi-gemäßer Prozess.
Das Gleiche gilt für den Umgang mit Vertretern von Schutzvereinen für Aktionäre. Deren kritische Fragen sind zwar bisweilen anstrengend, können für die Unternehmensführung aber sogar sehr anregend sein.



Einige Aktionäre wird man aber beim besten Willen und mit der mitreißendsten Rede nicht zu einem positiven, konstruktiven Beitrag überreden können. Dies sind die gottlob sehr wenigen Individuen, die nur auf Störung und Missstimmung aus sind. Oder die egozentrische, skurrilste Vorschläge zur Abstimmung bringen wollen, oft nur um im Mittelpunkt des Geschehens zu stehen. In einem solchen Fall kann man sich mit den Worten Tschuangtse's trösten.

Der wusste: „Mit einem Brunnenfrosch kann man nicht über das Meer reden, er ist beschränkt auf sein Loch."
Damit muss man sich dann wohl auch abfinden und braucht die Zentrierung trotzdem keineswegs zu verlieren.

**Authentisch reden und handeln**
In der Mitte zu bleiben, authentisch zu reden und zu handeln sollte nicht nur für uns selbst ein Lebensziel sein. Besonders bei unseren Mitarbeitern lassen Sie uns darauf achten, dass sie sich selbst leben und nicht in Allem ihrem Vorgesetzten nacheifern. Sie sollten die Dinge *ihrem* Naturell entsprechend erarbeiten – natürlich im Sinne des Unternehmenszieles – aber eben *ihrem* eigenen Wesen entsprechend.
Ansonsten werden nur Kopien entstehen, die mit Sicherheit nicht effektiv und erfüllt durch das Berufsleben gehen.



## Konzentration – auch wenn es stürmisch wird

In naher Verwandtschaft zur Zentrierung steht der Begriff der Konzentration. Konzentration bedeutet, die gesamte Aufmerksamkeit auf eine bestimmte Handlung oder einen Gedanken zu fokussieren. Als konzentrisch bezeichnet man geometrische Formen, z. B. verschiedene Kreise, die einen gemeinsamen Mittelpunkt, also denselben Schwerpunkt, haben.

Das Fokussieren auf das Zentrum und das Bewahren der eigenen, gelassenen Mitte ist die Basis für den Erfolg unseres Handelns und für unsere Wirkung auf unsere Mitmenschen.

**Die fünferlei Farben machen der Menschen Augen blind.**
**Die fünferlei Töne machen der Menschen Ohren taub.**
**Die fünferlei Würzen machen der Menschen Gaumen schal.**
**Rennen und jagen machen der Menschen Herzen toll.**
**Seltene Güter machen der Menschen Wandel wirr.**

**Darum wirkt der Berufene für den Leib und nicht fürs Auge.**
**Er entfernt das andere und nimmt dies.**

*In unserem heutigen Alltag ist die Möglichkeit, aus der Konzentration herauszukommen, sie zu zerstreuen, fast unbegrenzt.*
*Die tägliche Zahl der Stunden, die Menschen jeder Altersstufe für „Zerstreuung" nutzen, ist erschreckend hoch.* Die Medien verfolgen uns von der Wohnung ins Auto, und an vielen Arbeitsplätzen sorgt ein Radio für die Ablenkung von der Konzentration.



Selbst bewegungsbewusste Walker, Jogger und Radfahrer brauchen die Knöpfe im Ohr. Dabei ist dann ein Sinnesorgan zum Erleben der Natur total ausgeschaltet, für die anderen Sinne ist der Empfang zumeist dezimiert.

Ein noch sicherer Weg, die Konzentration zu verlieren, sind Ängste. Ich komme darauf noch einmal beim Thema Gesundheit und Stress zurück.
Ängste können sich als Unbehagen und Unruhe, als Sorge, Nervosität und Anspannung äußern – es muss nicht gleich eine Phobie sein. Gerade Führungskräfte sind hier gefährdet – ich habe meine Existenzängste nach der Unternehmensgründung eingangs erwähnt.

*Die Angst ist zumeist nicht darauf begründet, was gerade in der Gegenwart geschieht, sondern darauf, dass möglicherweise etwas Bedrohliches in der Zukunft geschehen könnte.*

Allzu oft beschäftigen wir uns sorgenvoll mit der Zukunft, mit etwas, das reine Projektion ist. Wir beziehen unsere Identität aus der Vergangenheit und projizieren in das Kommende Erlösung oder Gefahr.
Wir können uns entweder ganz und gar auf die Ausarbeitung eines unschlagbar guten Angebotes für den wichtigsten Kunden konzentrieren, oder wir denken schon daran, was geschieht, wenn wir den Auftrag nicht bekommen.

Wir können auch unser Mittagessen einnehmen, und gleichzeitig ständig an das nachfolgende Gespräch mit einem störrischen Mitarbeiter denken.
Beim Bezahlen sagt uns dann der Kellner zumindest, was wir gegessen haben.

**Die Zukunft nicht ängstlich herbeidenken**
Natürlich brauchen wir für die Zukunft eine Planung, und die Erfahrungen der Vergangenheit lassen wir einfließen. 
Wir können und sollten uns sogar die Zukunft als positiv gestaltete Realität vorstellen.
Im Kapitel über Einfälle und Zufälle werde ich das noch ausführlich behandeln.
Aber die Planung und Vorstellung der Zukunft machen wir jetzt, in diesen Minuten!
Wenn aktuelle Geschehnisse die Planung verändern, werden wir dann in dem Augenblick die Aktualisierung vornehmen. Wir brauchen nicht ständig diese Veränderungen ängstlich „herbeizudenken".

Leider sehr oft habe ich Verkaufsleiter ängstlich fragen hören, ob und wann denn der wichtige Auftrag kommt. Anstatt jetzt, in diesen vielleicht kritischen Tagen, dem Verkäufer zu helfen, dem Vertreter die letzten Ideen zu geben und intuitiv und kreativ noch einmal die Ideen zu entwickeln, die die Kaufmotivation des Kunden vergrößern könnten.

Beim Börsengang sind die Bedenken für die Zukunft besonders ausgeprägt. Manchmal erschienen mir die gebetsmühlenhaften, „bedenklichen" Fragen von Investmentbankern und Analysten über den möglichen Zukunftsverlauf der Geschäfte schon lächerlich.
Wir gingen mit Zuversicht an die Börse, wissend, dass unsere Produktideen und die Menschen, die für uns arbeiten, so gut sind, dass unser Vorhaben ein Erfolg wird. Wir hatten ein positives Bild von der Zukunftssituation, voller Vertrauen in die Weiterentwicklung unserer innovativen Produkte.
Wir wussten, dass unser Team kreativ arbeitet und dass letztlich Sinnvolles dabei herauskommt – die Überzeugung hatten wir in dem Augenblick ganz aktuell, für die Gegenwart und für die Zukunft.



*Das Vertrauen in die Gegenwart und in den zukünftigen Erfolg macht uns stark, aber die Zukunft vorhersagen zu können, ist eine Illusion. Wahrscheinlich sind an dieser Illusion fast alle Planwirtschaften gescheitert.*
Wenn wir sie aber ohnehin nicht vorhersagen können, warum sollten wir uns dann eine negative Zukunft ausdenken, warum sollten wir uns jetzt, in diesem Moment, um das Morgen Sorgen machen? Davon wird uns schon in der Bergpredigt abgeraten.

**Leben im aktuellen Augenblick**
Der Schlüssel ist also: Konzentrieren wir uns auf den aktuellen Augenblick, den jetzigen Zustand, mit unserer Intelligenz, den Gefühlen, mit Zuversicht und Mut.
Aus eigener Erfahrung weiß ich, wie schwer es ist, das nachhaltig durchzuhalten.

Die Lebensweisheit „Leben im Hier und Jetzt" haben wir zig Mal gehört und gelesen.
Aber es ist so schwer, dies mit dem Verstand zu begreifen und dann auch aus dem Innern heraus zu leben.

Das Wissen allein darüber nutzt nicht viel. Der richtige Weg erschließt sich nicht durch intellektuelle Gedankenspiele.

T'ai Chi, davon bin ich fest überzeugt, kann langfristig ein Mittel sein, diese Lücke zwischen Wissen und Leben auszufüllen.
Übe ich eine T'ai Chi-Form, bin ich gezwungen, ganz und gar bei der Sache zu sein. Sonst geht alles schief. Aus dem Zwang wird bald gute Gewohnheit. Ich lebe und übe damit die Konzentration auf das, was jetzt gerade geschieht, fast jeden Tag mit T'ai Chi.
Vielleicht ist das die größte Hilfe, die mir T'ai Chi gibt. Spult der Gedankenfilm mal wieder endlos ab, kommt fast automatisch das Warnsignal, genau wie in der T'ai Chi-Form.
Es ist wie ein Bewusstseinswechsel von ängstlichen Zukunftsgedanken zum Sein, zur Konzentration auf das, was ich gerade in diesem Moment tue.



Ein besonderes Merkmal der Konzentration beim T'ai Chi ist das sequenzielle Abarbeiten der Formen. Schon bei der relativ kurzen Pekingform sind das 24 Bewegungen, die eine nach der anderen erledigt werden. In großer Achtsamkeit, ganz langsam, Stück für Stück.
*Manager neigen dazu, mehrere Dinge gleichzeitig zu tun, und ich war in dieser Hinsicht geradezu Spezialist. Oft habe ich telefoniert, dabei einen Besuchsbericht gelesen, natürlich nebenher Kaffee getrunken, einen Besucher noch mit Gestik gebeten, Platz zu nehmen und überlegt, was der wohl will. Das war Multitasking in Vollendung!*
T'ai Chi zwingt, sich auf eine Sache zu konzentrieren, und das war für mich sicherlich einer der größten Lerneffekte.

Übrigens können Sie bei geübter Zentrierung sofort erkennen, welcher Verhandlungspartner sich ebenfalls auf das aktuelle Problem ausrichten kann, und wer ständig abschweift und auf Nebenschauplätze wechselt. Nicht

enden wollende Monologe, oft auf die Vergangenheit bezogen und mit angehäuftem Wissen garniert, gehen am Thema sehr häufig deutlich vorbei.
Wenn Sie konzentriert bleiben, nicht ärgerlich oder wütend werden, ist es möglich, ein Gespräch oder eine Verhandlung wieder aktuell zum Thema zurückzuführen.
Sie werden nicht aus dem Gleichgewicht zu bringen sein.

Konzentrationsfähigkeit ist nicht nur im Beruf, bei Verhandlungen eine wertvolle Hilfe. Auch in jeder Art von Freizeitbeschäftigung ist sie letztlich Voraussetzung für gutes Gelingen. Ein Freizeitmodellbauer von Schiffen bestätigte mir, dass nichts funktioniert, wenn der Geist nicht einigermaßen ruhig fokussiert ist. Sicherlich werden Sie ähnliche Erfahrungen gemacht haben. Daher meine Empfehlung: Suchen Sie sich einen Weg, die Konzentration permanent zu üben.



## Balance halten

Im Gleichgewicht zu bleiben, ist beim T'ai Chi ganz unerlässlich – jedes Fehlen der Balance führt sofort zu Problemen beim Üben einer Form oder im Wettkampf. Sie erinnern sich: loslassen, sinken, verwurzeln – da liegt das Geheimnis der Balance.
Eine T'ai Chi-Bewegung bedeutet in fast allen Fällen die Verlagerung des Körpergewichts von einem Bein auf das andere; vom „leeren" zum „vollen" Bein und wieder zurück (siehe Kapitel Verwurzelung). In diesem Wechselspiel der Bewegung ruht die Balance.
Mein Meister He Lin Lin verstand es wunderbar, mein Zuviel in einer Bewegungsrichtung sofort auszunutzen und es endete für mich meist mit einer Bauchlandung auf dem Rasen. Manchmal berührte er mich nicht einmal, sondern ließ mich einfach ins Leere fallen.

**Wenn's kritisch wird – im Gleichgewicht bleiben**
Im übertragenen Sinn sind Bauchlandungen dieser Art im Wirtschaftsleben an der Tagesordnung. *Viele Manager neigen dazu, sich zu weit rauszulehnen. Jede Extrembewegung scheitert aber am Ende, wenn die Balance dabei nicht gewahrt wird.* Wohl die meisten Bankenkrisen begannen mit dem Beginn völlig unsicherer Geschäfte, also dem Verlassen der eigenen Balance.

Allerdings kann man sich auch so weit zurückziehen, zurücklehnen, dass schon ein kleiner Schubser genügt, um als Resultat den „Rückfall" zu erreichen.
Der Rückfall wird dann in Form von Stillstand manifestiert, weil aus Angst gar keine Geschäfte mehr gemacht werden, um jedes Risiko zu vermeiden.

Sehr viele Merge- und Akquisitionsentscheidungen gingen schief, als das eigene Gleichgewicht außer acht gelassen wurde – sowohl bei kleinsten Unternehmen als auch bei Weltkonzernen.
Auch wir kamen einige Male in die Gefahr, mit schnellen Entscheidungen die Balance aufs Spiel zu setzen.
In den ersten Jahren nach unserem Börsengang wurden wir immer wieder gefragt, wann wir denn endlich Firmen zukaufen wollten. Von Analysten, Fondmanagern und Investmentbankern gleichermaßen. Und viele meiner Vorstandskollegen anderer, vergleichbarer Unternehmen haben das auch getan.
Als Motiv war die Akquisition oft sich selbst genug. Wirtschaftliche Gründe, wirkliche Synergien waren nebensächlich oder wurden allenfalls als Feigenblatt vorgeschoben. Als wenn sie einer Frau ernsthaft glauben könnten, dass sie den Pelz braucht, weil er so schön warm hält. Oder dem Mann zugestehen, dass es der 600er Mercedes sein muss, weil der Wiederverkaufswert so hoch und der Benzinverbrauch relativ niedrig ist.

Leider hat damals das Fehlen von Balance zu sehr unsinnigen Akquisitionen geführt – auch bei einem uns befreundeten Unternehmen – so dass Insolvenz und totaler Wertverlust der Aktie die Folge waren.
Gottlob haben wir dem Druck des Finanzmarktes widerstanden und uns auf eigenes Wachstum besonnen. Der Grund für dieses abwägende Verhalten war unbewusst sicherlich die Sehnsucht nach Balance.

*Extrembewegungen vermeiden, heißt nicht, vor dem Handeln, auch nicht vor dem Angriff, zu kneifen. Einmalige Chancen müssen wir spontan ergreifen! Aber immer sollten wir dabei uns selbst prüfen – bin ich noch im Gleichgewicht, habe ich noch einen ausgeglichenen Stand?*
Nicht ins Leere laufen, die Verwurzelung beibehalten – das ist T'ai Chi gerechtes Handeln.



## Sanftes Anhaften – immer im Kontakt bleiben

In den Trainingsdokumenten der Familie Yang, die Stuart Olson in seinem Buch „Das Wesen des Taiji-Quan" veröffentlicht hat, wird ausführlich über die verschiedenen T'ai Chi-Energien geschrieben. Es gibt um die 40 unterschiedliche; die drei wichtigsten sind jedoch Anhaften, Hören und Interpretieren.
Das Hören und Interpretieren, also das Lauschen in den Gegner hinein und das Erspüren seiner Energie, ist sehr geübten T'ai Chi-Meistern vorbehalten.
Diese Erfahrungen gehen über das sinnlich Wahrnehmbare hinaus und es bedarf eines jahrelangen Trainings, um einen solchen Grad der Sensibilität zu erreichen.
Das Anhaften ist aber auch für Anfänger schnell spürbar. „Mit anhaftender Energie entwickelt sich eine effiziente

Nachgiebigkeit gegenüber den Aktionen eines Gegners, Bewusstsein und Intuition für gegnerische Absichten wird verfeinert", so steht es in den Trainingsdokumenten.

**Was verstehen wir unter Anhaften?**

In meinen Kursen ist es ein beliebtes Spiel, das immer wieder großes Erstaunen und ein Aha-Erlebnis hervorbringt. Zwei Kontrahenten stehen sich gegenüber, ohne sich zu berühren. In diesem Fall darf der erste den Partner leicht (!) mit der linken Hand treffen – an der Schulter, Brust, Hüfte, wo auch immer.

**Marlene haftet nicht an. Wir haben keinen Kontakt zueinander, und sie wartet gespannt auf den Angriff.**

Wenn er nur einigermaßen schnell ist, wird er immer den Gegner treffen, der andere hat kaum eine Abwehrchance, weil er nicht schnell genug reagieren kann.

**Trotz guten Reaktionsvermögens kann sie den Angriff nicht abwehren. Ich treffe ohne Mühe mit meiner linken Hand ihre Schulter.**



Jetzt der zweite Teil des Spiels. Wieder darf beliebig mit der linken Hand angegriffen werden, aber der Gegner berührt jetzt permanent das Handgelenk seines Angreifers.

**Jetzt haftet sie an. Entspannt berührt sie sanft mein Handgelenk und erwartet wieder meinen Angriff.**

Er haftet an, ganz sanft, ohne den Arm festzuhalten. Was geschieht? Kein Angriff kommt durch, intuitiv wird sofort erfolgreich die Abwehrbewegung eingeleitet, der Angriff wird rechtzeitig erspürt und zur Seite abgelenkt.

Die hier dargestellte Übung, die ich, wie gesagt, mit einer völlig ungeübten Partnerin machte, ergab sofort den beschriebenen Effekt.

**Ich habe keine Chance, zu ihrer Schulter durchzudringen. Sie lenkt meine Hand intuitiv nach oben ab.**

Anhaften bedeutet also ununterbrochener Kontakt zum Partner. Greift er schnell an, weiche ich schnell entsprechend seiner Bewegung aus, berühre ihn aber ständig.
Wir erfahren hier ein grundlegendes T'ai Chi-Prinzip, das ganz und gar in Alltagssituationen übertragbar ist.

**Konfliktvermeidung beginnt beim Anhaften**
*Es ist meine feste Überzeugung, dass der Erfolg und Misserfolg in jeder Form der Zusammenarbeit in hohem Maße vom permanenten Kontakt abhängig ist, genau wie bei der geschilderten Übung.*

Ein guter Kunde oder Vertreter, der aus den Augen verloren wird, kann sich zum Konkurrenten entwickeln. Ein wichtiger Auftrag geht verloren, eine Kreditzusage zurückgezogen – alles kann uns unvorbereitet treffen, wenn wir die Verbindung abreißen lassen.

Eine meiner bittersten Geschäftserfahrungen war im fehlenden Anhaften begründet. Ein Partner, ein guter Bekannter, übersiedelte auf einen anderen Kontinent, um dort für unser Unternehmen zu arbeiten. Wenn wir uns Auge in Auge gegenübersaßen, war das Verständnis freundschaftlich wie immer.



Wurde die zeitliche Distanz zu groß, gingen die Meinungen immer weiter auseinander, das Verhältnis endete in Enttäuschung und Trennung. Nicht nur mit mir, auch mit seinen anderen Partnern.
Durch ständigen, wie auch immer gearteten Kontakt, durch wirkliche Verbundenheit, können solche Vorkommnisse vermieden werden. *Egal, ob Partner, Kunde, Lieferant – die Gelegenheit zur permanenten Berührung, zum Anhaften, suchen, das führt zu bleibendem Verständnis und schafft Vertrauen.*

Ich weiß, diese Kampfprinzipien Weichheit, intuitives Handeln und Anhaften provozieren Widerspruch. Scheinbar widersprechen sie jeder Realität.
Meine Erfahrung ist, dass sie erfolgreicher sind als aggressives Gegenhalten, was ich in der Anfangszeit meiner Karriere manches Mal praktiziert habe. Das Ergebnis war oft genug ein Scherbenhaufen.

Nach Ende der 80er-Jahre gab es mit unserem Unternehmen kaum noch nennenswerte Gerichtsprozesse. Das jetzige Management setzt das recht erfolgreich fort, obwohl die Zeiten wahrlich nicht harmonischer geworden sind. Der eingeschlagene Weg scheint also der richtige gewesen zu sein.

Das Anhaften geschieht im T'ai Chi mit großer Einfühlsamkeit, wir folgen sanft und weich den Bewegungen des Gegners. Unabhängig davon, ob sein Angriff langsam, schnell oder gar ungestüm ist – wir folgen seinem Rhythmus und leiten seine Bewegung ab.
Die Begriffe Sanftheit und Weichheit erscheinen in vielen Zitaten der alten Meister und sie sind zentrales Thema der taoistischen Literatur.
Vielleicht ist dies für einen Manager im harten Businessumfeld das am schwersten zu verstehende Paradoxon. Mit Sanftheit und Weichheit verhandeln? Mit diesen Prinzipien einen Börsengang gestalten? Der Punkt ist, dass wie beim T'ai Chi aus der Weichheit die größere Energie und Wirkung entsteht!
Laotse und andere Taoisten haben in diesem Zusammenhang zur Veranschaulichung oft das Bild des Wassers und dessen Eigenschaften benutzt.

**Auf der ganzen Welt**
**gibt es nichts Weicheres und Schwächeres als das Wasser.**
**Und doch in der Art, wie es dem Harten zusetzt,**
**kommt nichts ihm gleich.**
**Es kann durch nichts verändert werden.**
**Dass Schwaches das Starke besiegt**
**und Weiches das Harte besiegt,**
**weiß jedermann auf Erden,**
**aber niemand vermag danach zu handeln.**

Einen weiteren schönen Gedanken zum Thema Wasser hat John Lash in seinem Buch „Reise zum Tao" aufgeschrieben. Er schreibt: „Wie Wasser begegnet der T'ai Chi-Praktizierende jedem mit Sanftheit und urteilt nicht zwischen gut und schlecht …" Lash vergleicht dann T'ai Chi mit einem Fluss, der nicht aus Zuneigung Wasser für die Felder spendet, sondern weil es einfach seinem Naturell entspricht. Andererseits überschwemmt er zu nahe am Ufer gebaute Siedlungen nicht, weil er ein „schlechter" Fluss ist – er tut es einfach. Das ist ein weiterer, sehr weiser taoistischer Gedanke.

Sollte unser Handeln nicht ähnlich motiviert sein? Wir helfen einem Menschen in Not doch nicht, weil wir Anerkennung und Dankbarkeit erwarten, sondern weil die Hilfe unserem Wesen entspricht – wir können gar nicht anders!
Wer anderen nur hilft, weil er danach eine Gegenleistung erwartet, gibt keine „Hilfe" im eigentlichen – von mir gemeinten – Sinn.



**Affirmation**
Das Beschreiben von T'ai Chi-Prinzipien und ihre Analogien zum Geschäftsleben könnte noch ausgeweitet werden, aber ich glaube, der Leser weiß, was gemeint ist und ist sicherlich selbst in der Lage, aus seiner Praxis weitere Beispiele zu formen.

*Eigentlich ist jede Weisheit, die für unser geschäftliches Handeln relevant sein könnte, schon längst geschrieben worden. Das Problem ist: Ein Mal lesen, oder auch zwei Mal, führt leider selten zur permanenten Umsetzung. Wir müssen verinnerlichen, wir müssen üben – immer wieder.*
Und genau da setzt für mich die T'ai Chi-Praxis als große Hilfe ein!
Das andauernde Training und das Bewusstwerden der Analogien zum Alltagsgeschehen, wirken wie eine

Selbstsuggestion, wie eine selbstverstärkende Aussage. Letztlich wie eine frei gewählte Selbstkonditionierung.

Die Psychologen nennen das Affirmation, was zunächst Bejahung des Lebens bedeutet. Man könnte es auch als die systematische Balancierung geistiger, seelischer, körperlicher und – warum nicht – ökonomischer Zustände bezeichnen. Beim Thema „Autogenes Training" werden wir diesen Begriff wiederfinden.
Der Begriff „Anhaften" wird uns auch im nächsten Kapitel begegnen, wenn wir über die T'ai Chi-Kampfkunst sprechen.

# T'ai Chi als Wettkampf

Alle Prinzipien des T'ai Chi, die wir behandelt haben, gelten für alle Stilrichtungen, für alle Hand- oder Waffenformen – aber ganz besonders für das Partner-T'ai Chi, also dem spielerischen „Kampf" zweier Übenden.
Für das Partner-T'ai Chi gibt es ebenfalls besondere Formen mit festgelegten Bewegungsabläufen. Der eigentliche Ursprung und vielleicht die Krönung des T'ai Chi ist aber die freie, spontane Kampfkunst, alles natürlich innerhalb der beschriebenen Prinzipien.

**Wer andere kennt, ist klug.**
**Wer sich selber kennt, ist weise.**
**Wer andere besiegt, hat Kraft.**
**Wer sich selber besiegt, ist stark.**
**Wer sich durchsetzt, hat Willen.**
**Wer sich genügen lässt, ist reich.**
**Wer seinen Platz nicht verliert, hat Dauer.**
**Wer auch im Tode nicht untergeht, der lebt.**



Oft habe ich morgens und abends, vor und nach dem Gruppenunterricht, mit meinem T'ai Chi-Meister frei und in aller Freundschaft „gekämpft". Das waren für mich glückliche Momente, auch wenn ich eigentlich immer der Unterlegene war. Im Dazulernen war ich wahrscheinlich der Überlegene.
Am beeindruckendsten waren seine Ruhe und Weichheit basierend auf ganz festem Stand bei gleichzeitiger höchster Flexibilität. Dabei lernte ich, dass es erst völlige innere Ruhe und die ständige Berührung ermöglicht, die Angriffsbewegung des Gegners zu erahnen.
Dieses Antizipieren ist aber nicht dem schnellen Reagieren gleichzusetzen. Jede Re-Aktion – mag sie auch noch so

schnell sein – käme bei einem großen Meister schon zu spät!
*Es bedeutet vielmehr, aus der inneren Ruhe heraus intuitiv den Angriff zu spüren, und spontan die eigene Abwehrbewegung vorzunehmen. Das wird nur funktionieren, wenn das innere Loslassen oft genug geübt wird und wenn das Anhaften, der permanente Kontakt, nie versäumt wird.*
Jede Aufgeregtheit, Emotionen wie Aggression, Ärger, Wut – geschweige denn Hass – würden dieses intuitive, spontane Handeln nicht nur erschweren, sondern völlig unmöglich machen.
Totale Aufmerksamkeit und Wachheit, das Hineinversinken in den Gegner (oder besser Partner) sind also die Voraussetzungen für eine erfolgreiche T'ai Chi-Auseinandersetzung.



Müssen wir hier wirklich noch auf die Analogien zu geschäftlichen Auseinandersetzungen zu sprechen kommen? Man sollte eigentlich meinen, Nein.

Aber wie oft erfahren wir, dass Kontrahenten, völlig auf sich selbst konzentriert, in endlosen Argumentationen den Gegner bezwingen wollen. Oder die ganze Beweisketten abrollen, um ihre übermächtige Weisheit kundzutun. Das gelingt scheinbar sogar, aber der eigentliche Verhandlungserfolg bleibt aus.

Große T'ai Chi-Meister, auch die Samurais in Japan, sollen im Kampf einander gegenüberstehend nur ins eigene Innere und in das des Gegners gespürt haben.
Wenn sich keine emotionale, geistige oder körperliche Schwäche zeigte, ließen sie vom Kampf ab – man einigte sich, denn es gab keine Angriffsfläche.
Begann aber der Kampf, dann war das Ausweichen des Angriffs die wichtigste Waffe.

**Wer gut zu führen weiß,**
**ist nicht kriegerisch.**
**Wer gut zu kämpfen weiß,**
**ist nicht zornig.**
**Wer gut die Feinde zu besiegen weiß,**
**kämpft nicht mit ihnen.**
**Wer gut die Menschen zu gebrauchen weiß,**
**der hält sich unten.**
**Das ist das LEBEN, das nicht streitet;**
**das ist die Kraft, die Menschen zu gebrauchen;**
**das ist der Pol, der bis zum Himmel reicht.**

Die taoistische Weisheit, dass das Weiche das Harte besiegt, ist im T'ai Chi sozusagen manifestiert.



*Versuchen Sie es mal in der nächsten Verhandlung: dem Angriff nicht mit voller Wucht begegnen, sondern ihm ausweichen und ins Leere laufen lassen. Worum es in der Verhandlung auch gehen möge – die zweite Variante ist erfolgreicher.*

Wenn der Gegner dadurch entwurzelt sein sollte, kann ich ihm mit meiner Balance, mit meiner Standfestigkeit vielleicht zu einem für ihn neuen Standpunkt verhelfen. Er stolpert mit seiner Meinung ins Leere und meine Überzeugung bringt ihm eine neue Sichtweise. Diese ist nun weit entfernt von seiner Ausgangsmeinung und damit Basis für eine erfolgversprechende Verhandlungsfortsetzung.

He Lin Lin, mein T'ai Chi-Meister, wusste bei unseren T'ai Chi-Auseinandersetzungen immer, was ich im Schilde führte und reagierte eigentlich schon, wenn ich meine Aktion noch zu Ende überlegte.
Er war der beste Lehrmeister.

Von ihm habe ich im Laufe der Jahre gelernt, Angriffe, Gefahren oder auch Disharmonien intuitiv früher zu erahnen und zu erkennen, und dann – hoffentlich in den meisten Fällen – darauf geeignet zu reagieren.

**Spannungen früh auflösen**
Hier passt übrigens sehr gut eine weitere taoistische Weisheit, die besagt, Probleme schon dann zu lösen, wenn sie noch klein sind und nicht erst dann, wenn sie schon ausufern.

**Was noch ruhig ist, lässt sich leicht ergreifen.<br>Was noch nicht hervortritt, lässt sich leicht bedenken.<br>Was noch zart ist, lässt sich leicht zerbrechen.<br>Was noch klein ist, lässt sich leicht zerstreuen.<br>Man muss wirken auf das, was noch nicht da ist.<br>Man muss ordnen, was noch nicht in Verwirrung ist.<br>Ein Baum von einem Klafter Umfang<br>entsteht aus einem haarfeinen Hälmchen.**



Ist die Unzufriedenheit eines Mitarbeiters noch im untersten Stadium, können wir sie leicht auflösen. Allerdings muss eine vertrauensvolle Atmosphäre herrschen, sonst wird er gar nichts zu erkennen geben. Ist Ärger, Wut, Frust schon ausgewachsen, hat er die ersten Bewerbungen schon geschrieben, dann ist es zu spät für die Problemlösung.
Das gilt auch für den unzufriedenen, reklamierenden Kunden. Rechtzeitig die ehrlich, klar und aufrichtig begründete Entschuldigung, frühzeitig Vertrauen erneuern, dann kann das Negative schnell zum Positiven werden – nach meiner Erfahrung manchmal zum neuen Auftrag führen.

T'ai Chi als Wettkampf stößt mich auf das Erkennen meiner Schwächen und Stärken. T'ai Chi als Kampfkunst ist

eine Metapher für die täglichen Auseinandersetzungen im Unternehmen. Ein unsicherer Standpunkt, Unruhe und Unkonzentriertheit werden sofort bestraft.
Demgegenüber kann eine erfolgreich beendete kritische Verhandlung, bei dem die eigene Flexibilität und Ruhe den Ausschlag geben, regelrecht ein Lust- und Wohlgefühl erzeugen.
Die Analogie von der sanften, aber sehr wirkungsvollen Kampfkunst zur Führungsarbeit im Unternehmen kann die täglichen zehn Stunden im Büro lebenswerter machen.

**Den „Wettkampf" fair gestalten**
Ich wage die Behauptung, dass das Leben eines Managers genauso sinnerfüllt und befriedigend sein kann wie das Leben in jeder anderen Berufsgruppe auch.
Wenn wir aber über sinnerfülltes Handeln im Unternehmen sprechen, hat sicherlich der Umgang mit den Mitarbeitern und ihre Motivation erste Priorität – hier sollten wir ansetzen.



Zielstrebige, fleißige, zufriedene Mitarbeiter werden heute auch als „human capital" bezeichnet – meinetwegen, alles braucht wohl einen Namen.
Zufriedenheit und Motiviertheit ist aber nicht nur durch Geldanreize, Gestaltung flexibler Arbeitszeit und die alljährliche Weihnachtsfeier erreichbar. Das wäre die bekannte Möhre vor der Nase des Esels, um ihn am Laufen zu halten.
Nein, die Motivation, das innere Feuer, wird nur wachsen können, wenn auch Verständnis, Achtung, Lob, Aufmerksamkeit und auch ein gewisses Sicherheitsgefühl empfunden wird.
Ein Gefühl der Dazugehörigkeit.

Die Realität in der Wirtschaft sieht heute aber oft anders aus.

*Aktuell wächst besonders in großen Konzernen die Angst um den Arbeitsplatz rasant. Firmenübernahmen oder Zusammenschlüsse mit dem oft alleinigen Ziel der Rationalisierung steigern diese Ängste. Der Karrierewettkampf artet oft genug in ein psychologisches Hauen und Stechen aus – mit T'ai Chi-Kampfkunst absolut unvergleichbar!*
Die Statistik zeigt, dass die Zahl der langfristig Vollbeschäftigten in den letzten Jahren dramatisch zurückgegangen ist.
Glaubt man in den obersten Chefetagen wirklich, in einem solchen Klima des Drucks und der Unsicherheit, auf lange Sicht hohe Leistungen abrufen zu können?
Ich halte das für ausgeschlossen, habe aber selbst nur die Erfahrung aus Klein- und Mittelbetrieben.
*Angst, Stress und ständiger Druck lähmen jedenfalls Kreativität, Intuition und damit auch Innovation.*



Und selbst wenn in diesem „Reizklima" Gewinne erzielt werden – ist es wirklich Wert, für den geschäftlichen Erfolg Werte wie Respekt, Geduld – kurz Menschlichkeit – völlig über Bord zu werfen? Kommen dann nicht gelegentlich nagende Fragen hoch wie:
„Für wen mache ich das eigentlich?" oder noch weiter:
„Was hat das Ganze eigentlich für einen Sinn?"
Die Frage nach dem Sinn stellt sich jeder Mensch früher oder später, auch der knallharte Manager.
Ich bin davon überzeugt, dass die Beschäftigung mit T'ai Chi und den Weisheiten des Laotse helfen, diese Fragen im Auge zu behalten und auch helfen, immer wieder die richtigen Antworten zu finden. Je früher dies geschieht, desto besser.

Aber Vorsicht: Einige Managementlehrsätze haben den Begriff der Harmonie als erstrebenswertes Ziel für den Umgang im Geschäft aufgeführt. Das halte ich für bedenk-

lich. T'ai Chi-Prinzipien beinhalten nicht das Streben nach Harmonie oder gar Gefallsucht. Harmonie ist in den Prinzipien gar nicht vorgesehen, auch wenn die Bewegungen möglicherweise harmonisch aussehen.
*T'ai Chi als Kampfkunst ist eine Metapher für Management- und Führungstätigkeiten.*

Beim T'ai Chi geht es aber nicht um den Einsatz von Kraft, geschweige denn Druck und Gewalt, sondern um geistige Lenkung der Energie, um Loslassen und Abgleitenlassen.
Es handelt sich um respektvolle, achtsame Auseinandersetzung, aber natürlich nicht um den dauernden Austausch von Freundlichkeiten und Höflichkeiten.

T'ai Chi kann bewirken, dass der wirtschaftliche Wettkampf in einer entspannteren Atmosphäre geschieht. T'ai Chi ist aber völlig ungeeignet zur Befriedigung von Harmoniebedürfnissen.

# Einheitlich, ganzheitlich handeln

Philosophische Grundlage ist der Einheitsgedanke, das Akzeptieren des Yin und Yang, der Polarität, die letztlich das Einssein beinhaltet.
Die Taoisten waren der Auffassung, dass nur in der Einheit mit dem Tao das Leben gemeistert werden kann. Da alles, auch jeder Mensch, darin inbegriffen ist, ergibt sich fast zwangsläufig unsere Verhaltensweise zu Mitmenschen.
*Der Konkurrent z. B. ist nicht Feind, sondern Teilnehmer des Gesamtspiels, der mir vielleicht sogar entscheidende Anregungen gibt.*
*Wenn wir ganzheitlich denken, bewegen wir uns in Systemen, nicht in isolierten Einzelheiten. Die Ganzheitsauffassung führt zur Erkenntnis, dass alles voneinander abhängig ist, alle Zusammenhänge laufen in einer Wechselwirkung ab.*

Eigentlich bedeutet das auch, dass die eigene Gewinnvermehrung immer zum Verlust bei einem anderen führt und umgekehrt. Diese These trifft meines Erachtens besonders dann zu, wenn Wachstum ausschließlich durch Akquisition und Vermehrung des Marktanteils um jeden Preis bewerkstelligt wird.

Meine Partner, meine Mitarbeiter und ich hatten eine andere Vision. Es ging uns eben nicht um Verdrängung, sondern um Hinzufügung bzw. Ergänzung. Wir hatten von Anbeginn an den Plan, neue, innovative Prozesse und Systeme zu kreieren, die in dieser Form noch gar nicht am Markt vorhanden waren. Wie ein roter Faden zog sich durch diese Innovationen außerdem das Bestreben, dass das Neue auch umweltverträglicher sein sollte als das Vorhandene.Bei vielen Prozessen zur Schaltungsherstellung wurden chemische Prozesse durch Mechanik oder Lasertechnologie zumindest teilweise ersetzt. Das ergab für den Kunden oft ganz neue Einsatzmöglichkeiten – sei es direkt im Labor oder integriert in seinem bestehenden Produktionsprozess.

Bezogen auf die ganzheitliche Betrachtungsweise bedeutet das: Innerhalb des Kreises wurde nicht nur hier vermehrt und dort vermindert, sondern der Kreis wurde erweitert. Die Tatsache, dass über kurz oder lang Mitbewerber auftraten, vergrößerte diesen Kreis nochmals, zumal sich weltweit immer mehr Anwendungen ergaben.
Dieser Wettbewerb neuer Ideen ist meines Erachtens weitaus befriedigender als die Verdrängung um jeden Preis oder das Schlucken (manchmal Ver-Schlucken) des Kleineren durch den Größeren.

**Neues wagen – auch wenn's mal schiefgeht**
Allerdings ist mir die Kluft zwischen visionären Wunschbildern und geschäftlicher Realität oft bewusst geworden. Manche Entwicklungsprojekte dauerten viel länger als geplant, bevor der Erfolg dann messbar eintrat. Manchen Ideen hingen wir viel zu lange nach, um dann festzustellen, dass sie überhaupt nicht realisierbar sind.
Aber sollte man deshalb Fantasie und Kreativität abwürgen? Das hieße Stagnation. Es sollten immer wieder neue Ideen in einer Art entwickelt werden können, die in Lehrbüchern und auf Seminaren nicht zu finden ist.
Ein solcher Freiraum, der den Mitarbeitern gewährt wird, führt natürlich auch zu Enttäuschungen. Aber in den meisten Fällen hat man die Chance, nachzujustieren. Die richtige Mischung der Mannschaft ist wichtig – das vorsichtige Naturell und der vorpreschende, voller Ideen steckende Charakter müssen gleichermaßen gehört werden. Ist der Erfolg tatsächlich gelungen, gibt es für alle Beteiligten kaum ein beglückenderes Gefühl. Ein neues Produkt, mit neuer Markterschließung aus eigenen Ressourcen, das befriedigt mehr, als billiger nachzubauen.

Uns kam es darauf an, einen Unternehmenscharakter zu formen, der unverwechselbar ist. Sind wir einer von zwanzig Herstellern eines fast deckungsgleichen Produktes, wird dies so gut wie unmöglich sein. Dann wird letztlich nur der Preiskampf entscheiden, wer überlebt. Dann reduziert sich die Führungstätigkeit bald auf Kostenreduzierung. Das ist *auch* wichtig, aber die Innovation, der Mut, Neues zu probieren, sollte nicht auf der Strecke bleiben.

Dieser Mut gehört für mich zum ganzheitlichen Handeln des Unternehmers – er vervollständigt den Unternehmenscharakter.

Der Gedanke der Einheit und Ganzheit wird uns auch in nachfolgenden Kapiteln noch beschäftigen. Er ist eine Basis des Taoismus und auch des T'ai Chi.



Ich habe schon verschiedentlich über spontanes und intuitives Handeln gesprochen, auch über Kreativität und Visionsfähigkeit.
Diese Begriffe tauchen in einer Vielzahl von Seminaren und Coachingangeboten für Manager und Unternehmer auf.
Es ist empfehlenswert, diese Begriffe auf die Handlungsweise und Geisteshaltung des eigenen Unternehmens zu übertragen.
Manfred Jahrmarkt hat sich in seinem Buch über Taomanagement damit beschäftigt.
Wie stellt sich unser Unternehmen mit seinem Auftreten am Markt dar? Die Antwort wird nur von den Beschäftigten des Unternehmens selbst beeinflusst werden können, angefangen bei der Unternehmenskultur, die das Management den Mitarbeitern vorlebt.
Vorher möchte ich aber den Gedanken, die Frage verfolgen, wie sich diese spontanen Einfälle, diese kreativen Ideen, in der Praxis eigentlich ergeben.

# Einfälle – Zufälle – Einbildungen

*So manches Mal habe ich in meiner Karriere den Gedanken gehabt, dass es eigentlich Zufälle waren, die die eine oder andere positive Geschäftssituation schufen. Aber waren das wirklich Zufälle?*

Ein Beispiel, das dies verdeutlichen könnte: Als wir in die Lasersystementwicklung einstiegen, planten wir einen Multifunktionslaser, der einen möglichst breiten Markt abdecken sollte. Das war eine Konstruktion, die „Alles Mögliche" ein bisschen konnte, aber nichts so richtig. Folgerichtig entwickelte sich auch kein richtiges Geschäft. Das Gerät konnte Kupfer abtragen, um Schaltungen herzustellen, auch Keramik und feine Bleche schneiden. Wir hatten gehört, dass vereinzelt schon Siebdruckschablonen aus Feinblech in der Elektronikproduktion eingesetzt wurden. Nach etwa zwei Jahren entstand plötzlich eine völlig neue Bestückungstechnik für Leiterplatten und zwar lawinenartig. Die Chips wurden nicht mehr eingelötet, sondern oberflächenmontiert.



Der Zufall brachte diese neue Technologie mit unserem bis dato erfolglosen Lasermultitalent zusammen. Uns fiel schlagartig ein, dass wir das Präzisionsschneiden von Blechen nur optimieren mussten, um völlig neue Kunden zu gewinnen.
Ein neuer Markt fiel uns zu und brachte uns auf diesem Gebiet die weltweite Marktführung ein.
Dabei lösten wir gleichzeitig die bis dahin praktizierte chemische Ätztechnik mehr oder weniger ab.
Neue Dienstleistungsunternehmen wurden unsere Kunden, die keine Abwasser- und Entsorgungsprobleme zu bewältigen hatten. Alles passte einfach wunderbar zusammen.
Im Nachhinein habe ich versucht, diesen Entwicklungsprozess zu analysieren.

Mir wurde klar, dass derartige *Einfälle* oder *Zufälle* durch Assoziationen in die Zukunft hinein entstehen.

**Zukunftsbilder sehen**
Dabei wühlen wir nicht nur in dem Erfahrungsschatz der Vergangenheit, sondern stellen uns die Zukunft als neue Gegebenheit, wie eine neue Realität, vor. Wir reagieren nicht nur, wir kreieren gedanklich eine neue Situation. Wir bilden uns buchstäblich ein zukünftiges Bild ein.
Das Wort „einbilden" bekommt dann plötzlich einen anderen, einen positiven Ansatz. Auch Visionen werden heute ja mit dem bildhaften Beschreiben der Zukunft bezeichnet.

Die spontanen Einfälle, die wir als Zufall erleben, entstehen mit Sicherheit nicht durch Grübeln und Nachdenken über unser Wissen und unseren Erfahrungsschatz.
*Wissen und Erfahrung gehören der Vergangenheit an. Die spontanen, intuitiven Einfälle kommen meist dann, wenn der Kopf davon befreit ist.*



Bei dem Einen kann das beim Wandern, bei dem Anderen beim Golfen passieren, wenn er nicht ständig mit seinem Partner über Boogies und verpatzte Puts beim letzten Turnier redet.

Bei mir geschehen diese „Zufälle" oft direkt nach dem Praktizieren von T'ai Chi-Formen oder bei meditativen Qigong-Atemübungen. In diesen Momenten ist der Kopf leer, ich lasse alles zu, blockiere nicht den Einfall durch sofortige Bewertungen und Einschränkungen.

In diesen Minuten stellt sich nicht gleich die Frage nach der praktischen Durchführbarkeit der Idee – das hat noch Zeit!

Der Einfall kann sich in der Folge zusammen mit Kollegen weiterentwickeln. In der Gruppe oder mit einem Freund ist die Produktivität der Planspiele oft noch viel höher, wenn diese Menschen ebenfalls offen sind und nicht sofort kritisch abwertend agieren.

*Zusammengefasst: Die brillante Idee, der erstklassige Einfall, erscheint nicht beim Nachdenken, beim Hinterherdenken der Vergangenheit.*
*Ich bin davon überzeugt, dass dies die alten Taoisten meinten, wenn sie so abfällig über die Überbetonung des Wissens schrieben.*

Ideen brauchen Offenheit, Selbst-Bewusstheit und Wahrnehmungsvermögen. Ich glaube, es war der christliche Mystiker Meister Eckhard, der sagte, dass Gott ständig an unsere Tür klopft, aber wir machen sie nicht auf. Wir sind fortwährend mit uns selbst beschäftigt. Unsere Antennen sollten aber permanent auf Empfang eingestellt sein! Mit guten Bildern und Überzeugungen in die Zukunft hineintauchen, die Imagination vorstellbarer, glaubhafter Situationen – das ist der Weg zur innovativen Idee. Ganz im Gegensatz zum negativen, ängstlichen Zukunftsdenken, das ich an anderer Stelle schon behandelt habe.



Dabei kann sich dieses Hineinversetzen in die Zukunft durchaus mit problematischen Situationen befassen. Beispiel: Ich stelle mir die Beteiligungsverhandlung mit einem Partner und seine Reaktion auf meinen Vorschlag bildhaft vor. Diese Vorstellung führt plötzlich zur Überzeugung, dass mein Plan voll und ganz an den Interessen des anderen vorbei geht, mir fällt ein, dass er ganz andere Ziele verfolgen könnte. Gerade noch rechtzeitig stelle ich mich auf diese projizierte Situation ein.

**Immer nur positiv denken?**
Es geht also durchaus nicht nur darum, sich die Zukunft in jedem Fall schön zu denken.

In diesem Zusammenhang zum Schluss dieses Kapitels noch ein paar Worte zum positiven Denken:
Seit Dr. Joseph Murphy, dem Papst der „think positiv"-Lehre ist darüber meterweise geschrieben worden, manchmal skurril und an Einfachheit nicht zu überbieten. Es gibt Motivationstrainer, die geradezu eine Ideologie und ein Heilversprechen aus dieser Denkweise ableiten. Nach dem Motto – alles was du dir wünschst, wirst du erhalten, du musst es nur positiv herbeidenken.

Mir fällt dazu ein derart positiv eingestellter Besucher eines Spielkasinos ein. Der ist für die Betreiber des Kasinos der Idealkunde, denn er wird ihnen, wenn er reich ist, viel Geld einbringen. Aber sollten Sie ins Kasino gehen, mit dem Gedanken, ohnehin zu verlieren, weil Sie ja immer Pech im Leben haben? Die Prophezeiung wird sich erfüllen! Im Gegensatz zum Positivmenschen haben Sie sich schon *vor* dem Glücksspiel ängstliche, selbstabwertende Gedanken gemacht und die werden *nachher* auch noch bestätigt und verstärkt.
Murphy hatte wohl doch recht – oder?
In der Folge wollen wir uns nun noch eingehender mit den schon benutzten Begriffen Spontaneität, Intuition, Kreativität und Visionen beschäftigen.

# Spontaneität und Intuition zulassen

Ich komme nun zu Begriffen, die manche Managementtrainer bereits als „weiche Produktionsfaktoren" eingestuft haben.

Das Thema T'ai Chi-Kampfkunst hat uns schon direkt auf die Spontaneität hingewiesen. Beim T'ai Chi-Kampf kann nicht lange überlegt werden, was der Gegner mit seiner Bewegung wohl vorhat. Jede Abwehr käme dann mit Sicherheit aufgrund der Nähe des Gegners und der viel zu langen menschlichen Reaktionszeit zu spät. Der Angriff muss erahnt, antizipiert, intuitiv erfasst werden.
Nur dann kann ich spontan reagieren und aus dem Repertoire meiner gespeicherten Ausweich- und Angriffsbewegungen kreativ die hoffentlich richtige Antwort zusammenstellen. Das kann, wie beim Schachspiel, sogar eine vorausgeahnte Serie von Bewegungen sein.



Es gibt unzählige Angriffs- und Abwehrvarianten, der ganze Körper ist einbezogen, natürlich auch der Geist und sogar die Emotionen.
Spontan, intuitiv wird vielleicht die richtige Bewegung, der richtige Weg zur Problemlösung erkannt.

Oder eine völlig blockierte, verworrene Situation wird plötzlich durch Intuition durchschaut und kann spontan aufgelöst werden.
*Wie schon angesprochen – die spontane, intuitive Gegenbewegung ist noch viel schneller als die Re-Aktion. Durch Anhaften, durch engen Kontakt zum Gegner, spüre ich schon vorher seine Absichten und bewege mich eigentlich schon mit ihm als Einheit. Er kann mich nicht überraschen.*

Diese Analogic führt direkt zur Spontaneität in der verbalen Kommunikation und dies natürlich auch bezogen auf das Wirtschaftsleben.

In einem Kursangebot für spontane Kommunikation habe ich Inhalte und Ziele gelesen, die eins zu eins auch für einen T'ai Chi-Kurs dargestellt werden könnten.
Ich zitiere:

- Stärkung der (verbalen) Reflexe.
- Erhöhung der eigenen Standfestigkeit bei An- und Übergriffen.
- Vermeidung von Angriffsflächen
- Atemtechnik gegen angriffslustige Gesprächspartner
- Abbau von Aggressionen (der eigenen)
- Den Angreifer umlenken oder verwirren



Als Ziel wurde Schlagfertigkeit und Vorbereitung auf (verbale) Attacken genannt, um in den entscheidenden Sekunden Esprit zu beweisen.
Diese Übereinstimmung der Grundsätze für Spontankommunikation und T'ai Chi ist schon erstaunlich, praktisch ist sie deckungsgleich! Spontaneität kann man also trainieren, wie dieses professionelle Kursangebot aussagt und – für mich ist das augenscheinlich – auch in Analogie durch regelmäßiges T'ai Chi-Üben.

**Das „Bauchdenken“ zulassen**
In beiden Fällen setzen wir bei einer Problemlösung also nicht nur gezieltes Wissen und unseren Verstand ein, sondern wir handeln auch „aus dem Bauch heraus“ und dabei sind wir endgültig beim Thema Intuition angelangt.
*Dieses Idiom – handeln aus dem Bauch heraus – wollen wir etwas näher betrachten.*
*Wissenschaftler haben schon vor Jahren herausgefunden, dass es neben unserem Kopfgehirn noch ein zweites Gehirn gibt – das Darmhirn oder Bauchhirn.*

Es ist mit dem Kopfgehirn durch die Nervenbahnen Sympathikus und Parasympathikus wie mit Standleitungen verbunden.
Prof. Michael Schemann von der TU München hat sich führend mit diesem Phänomen befasst und im Online Focus in dem Artikel „Die unterschätzte Mitte" darüber berichtet.
„Möglicherweise bilden auch unbewusste Empfindungen aus dem Darmhirn eine Art Gefühlsteppich, der uns bei Entscheidungen beeinflusst", sagt er.

Nun werden intuitive Entscheidungen sicherlich hauptsächlich im Kopfgehirn erarbeitet, aber wir alle kennen schon aus Sprichwörtern die Macht unseres Bauchbereiches: „Liebe geht durch den Magen" oder „Vor Angst in die Hosen machen", usw.
*Jedenfalls arbeitet das Bauchhirn – wenn auch beschränkt – autonom, es kann Informationen seiner Sensoren selbst bearbeiten und selbst kontrollieren.*



Wenn dies so ist – und die wissenschaftliche Arbeit darüber scheint ja noch nicht am Ende zu sein – stelle ich folgende Frage:
Wie wirkt sich langfristig wohl die permanente Bewusstwerdung der Bauchmitte, des Dantien, beim T'ai Chi aus? Wie die dauernde Lenkung des Ch'i und das Hineinatmen in den Bauchraum?
Hat dies Auswirkungen auf intuitive und emotionale Wahrnehmungen, auf die plötzliche Einsicht in Zusammenhänge und Urteilsbildungen?
Ich höre hier aus vielerlei Gründen auf, Mutmaßungen anzustellen, aber man darf ja auch mal querdenken und träumen.

Jedenfalls zieht sich durch den Taoismus wie ein roter Faden die These, dass kopflastiger Einsatz von Wissen und Regeln nicht zum optimalen Ergebnis führt.

Natürlich ist in unserer Technologie- und Wirtschaftswelt das Handeln ohne Datenbasis, ohne Wissen um Zusammenhänge, gar nicht möglich.
Wir sollten als Manager aber den Mut haben, eine Bestandsaufnahme unserer Verhaltensweise zu machen, uns zu prüfen, wie weit das Analytische, Kategorisierende überwiegt und das Ganzheitliche, auch das Emotionale auf der Strecke bleibt.

**Beide Gehirnhälften nutzen**

Es ist ja weiterhin allgemein bekannt, dass unser Kopfgehirn – sehr laienhaft beschrieben – aus zwei verschiedenen Gehirn„abteilungen" besteht. Diese funktionieren zwar nicht jeweils isoliert, können aber unterschiedlich in ihrer Häufigkeit zum Einsatz kommen.
Sehr vereinfacht ausgedrückt ist die linke Gehirnhälfte für das Rationale, Mathematische, also für Logik und Analyse zuständig. Die rechte Hälfte für Intuition, Fantasie, für das Musische und Kreative.



Egal, was bei Ihrer persönlichen Überprüfung Ihrer Verhaltenssteuerung herauskommen sollte – es ist wohl eindeutig, dass in unserer westlichen Kultur über Jahrhunderte die linke Abteilung des Gehirns übergewichtig eingesetzt wurde. Fakten, logische Beweisketten sind weitaus häufiger die Basis für Entscheidungen als bildhafte Fantasie, Spontaneität oder Improvisation.
*Meine Erfahrung hat mich gelehrt, dass Führungskräfte erfolgreicher arbeiten können, wenn beide Gehirnhemisphären gleichermaßen und ganzheitlich eingesetzt werden können.*

Sie kennen mit Sicherheit folgende Standardsituation:
In einer Besprechung müssen Sie für ein Projekt ein Team zusammenstellen. Bei den meisten Mitarbeitern haben Sie überhaupt keine Zweifel an der Eignung, bei einem jedoch

bekommen Sie ein „flaues Gefühl" in der Magengegend. Es gibt aber keine rationale Begründung dafür.
Sie versuchen es zu verdrängen, aber nach einer halben Stunde ist es wieder da.
Das gleiche kann auch bei einem Einstellungsgespräch passieren.
Was tun? Irgendetwas stimmt nicht, aber was? Sie können es nicht sagen.

Ich bin fest davon überzeugt, dass die Antwort auch hier in einem Sowohl-als-auch liegt. Intuition und Rationalität müssen gleichermaßen zum Einsatz kommen, beiden muss nachgegangen werden. Letztlich müssen wir immer auch in einer nichtanalytischen Form zu unserer Urteilsbildung und unserer Erkenntnis kommen.
Manches Mal kam ich bei einer derartigen Situation zu folgendem Gedankengang:
„Ich habe alles ausreichend geprüft und durchdacht. *Und trotzdem weiß ich nicht genau, ob meine Einschätzung richtig ist. Ich entscheide mich jetzt aber so und nicht anders, weil ich fühle, dass es der richtige Weg ist!"*
*Und dann hilft nur noch Vertrauen in dieses Gefühl, in die eigene Intuition.*



**Nicht nur Zahlen entscheiden lassen**
In unserem hochinnovativen Unternehmen ist die Vorbereitung von Entscheidungen ohne Spontaneität und intuitivem Handeln gar nicht möglich. Radikal neue Technologien in der Elektronik oder Laseranwendung lassen oft keine Zeit, ewig Marktuntersuchungen und Studien zu betreiben. Auch der Konkurrenzdruck fordert stark abgekürzte Reaktionszeiten, oft sind Datenmengen auch so groß, dass sie nur schwer statistisch zu erfassen und zu ordnen sind.
*Ob man will oder nicht, unter oft enormen Zeitdruck wird auch aus dem Bauch heraus entschieden werden müssen.*

Sie erinnern sich an die T'ai Chi-Kampfkunst – wenn ich erst eine Analyse der gegnerischen Bewegungen erstelle, wird es zu spät sein!
Aber spontanes, intuitives Management ist keine Ausrede für das Versäumnis der sorgfältigen Vorbereitung der Entscheidungen. Die wichtigen Informationen müssen vorher zusammengestellt werden, die möglichen Konsequenzen bedacht werden. Eine Entscheidung über die Neu- oder Weiterentwicklung eines Prozesses braucht Daten über technologische Chancen und Risiken, aber auch das Wissen über den Umfang des Käufermarktes. Das Nichtbeachten dieser Regeln führt zu klassischen Managementfehlern – das habe ich in meiner Karriere zu Genüge erfahren. Hektisch wurden Ideen aufgegriffen, Ressourcen eingesetzt, ohne eine Ahnung zu haben, was eigentlich passieren wird.
Im Gegensatz dazu liegen die Fehler rein rational handelnder Manager im endlosen Zaudern. Ausschüsse werden gebildet, Gutachten erstellt, häufig wird die Meinung opportunistisch verändert, Zahlen entscheiden und nicht der Mensch. Im schlimmsten Fall wird dann gar nichts entschieden. Das erinnert an den Menschen, der um keinen Preis eher ins Wasser gehen will, bis er nicht Schwimmen gelernt hat.



Mein Anliegen ist es zu empfehlen, ganzheitliche Entscheidungen vorzubereiten. *Logisch-analytisch und intuitiv-kreativ. Kalkulieren und improvisieren. Yin und Yang. Es geht um das Begründen mit Fakten und Beweisen – aber auch Erfahrungsbildern, Analogien und Gefühlen Raum geben.*
Spontaneität und Intuition sind weitgehend unbewusste Vorgänge. Man kann sie nicht direkt rezeptmäßig lernen.
Auch wird ein 2-tägiges Seminar über intuitives Handeln im Management wenig nützen, wenn die Erkenntnisse nicht ständig trainiert werden – beispielsweise in der Analogie der T'ai Chi-Übung.

Intuition kann man nicht erzwingen, sie wächst in der Stille, in ruhiger Atmosphäre, sie geschieht einfach. Der Weg zu ihr kann durch Lehrsätze und Voreingenommenheiten völlig verbaut sein. Vorstellungen, das berühmte „Brett vor dem Kopf", lassen Intuition gar nicht erst zu.
Festgefahrene, programmierte Handlungsweisen nach starrem Muster schneiden den Weg zum „Bauchgefühl" ab. Erinnert Sie das vielleicht an etwas? Genau. Loslassen, geschehenlassen, zulassen. Nicht immer sofort im alten Trott etwas tun, sondern handeln durch Nichthandeln – Wu Wei, Grundprinzipien des Taoismus und des T'ai Chi.

# Kreativität und Visionen entwickeln

Beide Begriffe haben sicherlich nicht direkt mit T'ai Chi zu tun, trotzdem möchte ich hier einige Gedanken und Erfahrungen darstellen.
Um Kreativität und Visionen entwickeln zu können, müssen der Körper und der Geist frei sein von Blockaden, festgefahrenen Vorstellungen und Dogmen jeder Art.
Um diese Voraussetzungen zu erreichen, kann T'ai Chi in der Tat eine sehr wirkungsvolle Vorübung sein.
*Kreative und visionäre Ideen werden kaum in verspannten, blockierten Körper- und Geisteszuständen erscheinen. Ein ausgebranntes Team wird sicherlich selten die zündende Produkt- oder Werbeidee haben und wird auch keine Leitbilder für die Zukunft entwickeln.*

Warum also nicht das nächste Brainstorming mit ein paar Qigong- oder T'ai Chi-Übungen einleiten?

**Brainstorming gut vorbereiten**
Übrigens sind meine Erfahrungen mit Brainstorming durchaus gemischt. Ein solcher offener Austausch von Ideen aller Art braucht eine handfeste Moderation.
Freies Assoziieren produziert aber oft nur leicht variierte Klischees von Themen, die schon viele Menschen durchdacht haben.

Warum geschieht das so?
Die Gründe sind sehr verschieden:
- Oft gelingt es nicht, die Gruppenanpassung aufzulösen, es wird nicht radikal genug Kreativität gefordert.
- Oft sind die Ziele zu vage, man redet aneinander vorbei.
- Die Betriebsblindheit verhindert wirklich neues Denken.

Skeptiker ersticken revolutionäre Lösungen im Keim, frei nach dem Motto, dass für jeden guten Plan mit Sicherheit ein Problem gefunden wird.
Allein schon die „heimatlichen“, langweiligen Meetingräume laden nicht zu unkonventionellem Denken ein, sondern zum Statement „Das haben wir immer so gemacht“.

Auch die Kreativität entsteht in der rechten Gehirnhälfte, sie ist ein schöpferischer Vorgang. In unserem hochinnovativen Unternehmen gehört sie zu den wertvollsten Ressourcen. Die gute Idee ist das erste und vielleicht wichtigste Glied in der Wertschöpfungskette bis zum verkaufsfertigen Produkt.
*Kreativität entsteht selten durch einsame Superideen, meistens wirken mehrere Menschen zusammen, um neue, bessere Resultate zu erarbeiten.*

Die Mitarbeiter, die sie entwickeln, produzieren und vermarkten, müssen in die Zusammenhänge eingeordnet werden.



In unserer beruflichen Praxis ging es ständig darum, neue Produkte und Prozesse zu kreieren.
Dabei waren die internationalen Messen oft die ideenreichsten Tage. Gespräche mit Kunden, Interessenten, Forschern, Lieferanten, Konkurrenten, Mitarbeitern, Vertretern – die Liste ließe sich lange fortsetzen – waren die Basis für neue Geschäftsideen. Manchmal endeten die kreativsten Diskussionen dann, wenn die letzte Bar geschlossen wurde.
Die verschiedensten Standpunkte zulassen, zuhören, Fakten immer wieder neu zusammenstellen, eigene blockierende Meinungen zunächst auflösen – das sind nur ein paar Voraussetzungen für Kreativität. Kreativität wird völlig unmöglich, wenn ich mich ausschließlich mit Jasagern umgebe.

Viele Führungskräfte tun das aber bewusst oder unbewusst.

**Kurz innehalten und sich selbst prüfen**

Mit welchen Fragen könnte ein Manager sein eigenes Kreativitätspotenzial überprüfen? Hier nur ein paar Beispiele:

- Begegnen Sie neuen Ideen eher ablehnend und skeptisch?
- Gehen Ihnen Widerspruch und Ablehnung schnell auf die Nerven?
- Denken Sie eher an Probleme und Hindernisse als an Chancen und Möglichkeiten?
- Stellen Sie ungern Fragen, die Ihre Unwissenheit zum Thema offenlegen könnten?
- Fühlen Sie sich bei Routinearbeiten eher sicher, und bei überraschenden, neuen Abläufen eher unwohl?



- Müssen Sie sich unter allen Umständen um alles selbst kümmern?
- Können Sie gut akzeptieren, dass andere ein Problem völlig anders bewerten?

Sollten Sie sich derartige Fragen gestellt und ehrlich beantwortet haben, beglückwünsche ich Sie erst mal zu dieser Offenheit zu sich selber.

Das ist ein großer Schritt nach vorn. Wenn Sie einige Fragen mit einem aufrichtigen „Ja“ beantwortet haben sollten, versuchen Sie doch nach und nach freier und lockerer zu denken und zu handeln. Heiter und gefühlsoffener an die Situationen heranzugehen und auch mal über sich selbst zu lachen.

Auch hier zunächst an die Prinzipien denken – loslassen, geschehenlassen, Wu Wei praktizieren. Verinnerlichen, dass jedes Risiko auch die Chance birgt. Vertrauen entwickeln und das Yin und Yang akzeptieren.

**Vision oder Spinnerei?**
Von einer Vision begeistert zu sein, ist wohl eines der natürlichsten, ältesten Prinzipien, mit denen Menschen sich selbst und andere mitreißen und führen – manchmal auch *ver*führen.
In meinem alten Duden steht noch unter der Rubrik „Vision": „Gesichts- oder Sinnestäuschung" oder auch „optische Halluzination".
Die Managementsprache hat erst in den letzten zwanzig Jahren daraus hergeleitet, dass die Vision ein Bild von unserer Zukunft ist, das uns und unsere Mitarbeiter begeistern soll.

Übrigens ist wohl kein anderer Bereich derart von Fremdwörtern und Modewörtern durchsetzt, wie die Lehren über Management. Einige haben wir schon erwähnt, meistens solche, die schon im alltäglichen Sprachgebrauch gang und gäbe sind.

Manche Managementlehren beziehen ihre Kreativität offensichtlich in erster Linie aus dem Auffinden und Verwenden von Fremdwörtern – meist anglizistischen – und das treibt manchmal schon Blüten, die zum Schmunzeln anregen.

**Die eigene Zukunft sehen**
Bevor wir über Visionen für unser Unternehmen und für die Mitarbeiter nachdenken, sollten wir uns über unsere ganz persönliche Vision Gedanken machen, sozusagen über unseren privaten Lebensplan.
Was ist mir eigentlich wichtig? Welche Charaktereigenschaften möchte ich verstärken, welche ändern? Was bedeutet mir Freundschaft und Familie? Wie möchte ich mit meiner Zeit umgehen? Was kann ich für meine Gesundheit tun? Ihnen fallen sicher weitere, auf Ihre ganz persönliche Situation zutreffende, Fragen ein.
Wir sollten versuchen, uns ein persönliches Bild für die Zukunft zu machen und unsere Lebensziele zu erkennen.

Das könnte, genau wie im Unternehmen, mit einer Ist-Analyse beginnen.
Visionen sollten also Klarheit für uns selber und im Unternehmen für die Mitarbeiter schaffen und für unser Denken und Handeln die richtige Richtung anzeigen.
Wir sollten wissen, was wir anstreben und wofür wir es tun.
Das Bild, das wir uns in Visionen von unserer persönlichen Zukunft und der des Unternehmens machen, kann helfen, uns zuversichtlicher werden zu lassen.
Erinnern wir uns in diesem Zusammenhang noch einmal an das taoistische Prinzip des Wu Wei. Dementsprechend sollten sich unsere Visionen nicht dem natürlichen Ablauf der Dinge entgegenstemmen. Der Einheitsgedanke hält uns immer wieder vor Augen, dass wir Mitspieler des Gesamtspiels sind, und darauf sollten auch unsere Visionen ausgerichtet sein.



*Das visionäre Bild ist natürlich nicht nur ein quantitatives Ziel, wie x % mehr Marktanteil, Gewinn oder Umsatz. Es soll ethisch fundiert und leicht verständlich den Charakter des Unternehmens darstellen.*

Was ist nun eine begeisternde Vision und worin unterscheidet sie sich von Hirngespinsten und nicht ernst zu nehmenden Utopien?
*Eine gute Unterscheidungshilfe können uns Beispiele von Start-ups und Börsengängen in den 90er-Jahren liefern.*

Der Begriff „Vision" grassierte immer ungehemmter und manche Luftschlösser erwiesen sich als reine Kartenhäuser, die beim ersten Gegenwind zusammenbrachen.
Man konnte Investmentbanker und Kapitalanleger jahrelang beeindrucken, aber ich bezweifle, dass eine hilfreiche Unternehmensvision im betriebswirtschaftlichen Sinn überhaupt gemeint war. Da hatten wohl andere Motive erste Priorität.

Andererseits erlebe ich heute manchmal das völlige Fehlen einer Unternehmensvision, auch bei Präsentationen vor Analysten und Investoren.
Es werden Umsatzsteigerungen mit einer Liste von Produkten prognostiziert, die technischen Details endlos beschrieben. Zumeist wird der Investor fachlich total überfordert, und Langeweile macht sich schnell breit.
Aber das eigentliche, langfristige Ziel, die Einstellung des Unternehmens zum Markt, der Sinn der Unternehmung wird nicht dargestellt. Dabei wäre das bei etwas Nachdenken und Insichgehen sehr einfach. Es kostet nichts und wäre in der Überzeugungskraft höchst wirkungsvoll!
Der Investor entscheidet, wie jeder Mensch, zuerst aus emotionalen Beweggründen. Dann erst will er seine Entscheidung rational mit Zahlen begründen können.
Ende der 80er-Jahre, als wir aus dem Stadium des Kleinunternehmens herausgekommen waren, habe ich auf einer Betriebsversammlung meine erste Unternehmensvision vorgetragen.



Meine Vision war es, mit zufriedenen und motivierten Mitarbeitern neue Prozesse und Produkte zu entwickeln, herzustellen und zu vermarkten:
Die Produkte sollten nicht nur in technologischer, sondern auch ökologischer Hinsicht den Vorhandenen überlegen sein. Die Einzigartigkeit dieser innovativen Produkte und Prozesse sollte nicht nur unserem Unternehmen, sondern auch dem Anwender – dem Kunden – gute Renditen verschaffen.
Dadurch sollten uns dauernde Weiterentwicklungen ermöglicht werden, die wiederum den Kunden im Zuge weiterer Investitionen sichere Gewinne ermöglichen und die Zukunft absichern.
Das klingt vielleicht etwas sehr nach positivem, schöngeistigem Denken, aber sollte das bei einer Vision nicht möglich sein?

Ich bin schon ein wenig stolz darauf, dass diese Vision bei unserem Unternehmen noch heute, nach über 20 Jahren, nach Börsengang und nach Vervielfachung der Mitarbeiterzahl, gültig ist, und das jetzt aktive Management setzt die Umsetzung nach Kräften fort.
Als aktuellstes Beispiel mag die erfolgreiche Entwicklung eines Laserprozesses dienen, der zur Strukturierung von Solarzellen eingesetzt wird, vereinfacht ausgedrückt – ein Prozessschritt für die Stromgewinnung mittels Sonnenenergie. War es ein Zufall, dass diese Anwendung wiederum diesen ökologischen Ansatz hatte?
In unserem Unternehmen werden ständig weltweit Mitarbeiter eingestellt, mit denen zumeist eine langfristige Beziehung geplant ist. Das Management verkündet nicht stolz Serienentlassungen, um Anteilseigner zu ködern, sondern die Aktionäre werden mit Innovation und wenn möglich guten Gewinnen motiviert – zumindest wird es auf diese Art und Weise versucht.



*Eine gute, verständliche Vision ist die Basis für eine schlagkräftige Strategie oder mehrerer Strategien für verschiedene Geschäftsbereiche.*
*Eine klare, glaubhafte Vision ist ein Leitfaden, an dem sich Mitarbeiter, Aktionäre, alle, die mit dem Unternehmen in Beziehung stehen, ausrichten können. Sie gibt nicht nur über Ziele Auskunft, sondern visualisiert eine Geisteshaltung, die Grundhaltung des Unternehmens.*

**Unternehmenstypen – und ihr Grad der Visionsfähigkeit**

Bevor ich Sie nun noch einmal um Selbstüberprüfung bitte und zwar über Ihre Visionsfähigkeit, sollten wir uns über verschiedene Typen von Unternehmen klar werden, die unterschiedliche Visionsmentalitäten charakterisieren.

**1. Das innovative Unternehmen**

Mit dem Beispiel unseres Unternehmens habe ich es schon ausreichend charakterisiert. Es agiert mit immer neuen

Produktbereichen offensiv, oft kreativ und intuitiv. Selten sind derartige Firmen zu spät am Markt, aber oft zu früh bei Produkteinführungen. Eine reichhaltige Produktpalette ist ein weiteres Merkmal. Die Gewinnchancen sind hoch – aber die Risiken ebenfalls und dadurch fehlt oft eine gewisse Stabilität und Homogenität.
Die Visionen dieses Unternehmenstypus sind meist reich an ethischen, ökologischen oder technologischen Werten und Zielsetzungen. Ich verrate hier nichts Neues, wenn ich persönlich diesem Typ Priorität gebe. Für keinen anderen Unternehmenstyp hätte ich arbeiten können. Ich bin fest davon überzeugt, dass mittelständische, innovative Unternehmen noch die größten Chancen haben, ein „menschliches Gesicht" zu zeigen.
Teamarbeit ist hier nicht nur eine Organisationsform, in denen die Menschen beliebig auswechselbar sind.
Der Begriff Team drückt vielmehr Verständnis und Achtung für den Mitspieler aus, in manchen Situationen auch Geduld und Nachsicht.



Nach meiner Erfahrung – und einige Geschäftsführer ähnlicher Unternehmen haben mir das bestätigt – führt dieses Verhalten keineswegs zu schlechteren Resultaten.
Ständiger Druck auf Mitarbeiter und Jobangst sind sicherlich nicht zwangsläufig der richtige Weg zu dauerhaften Höchstleistungen und zur Gewinnoptimierung.
In einem innovativen Unternehmen wäre ein derartiger Führungsstil im Gegenteil der Garant für Misserfolg.

**2. Das zielorientierte Spezialunternehmen**

Auch dieser Typ ist offen für neue Ideen und Visionen, aber eher beschränkt auf einen Hauptgeschäftsbereich, er konzentriert sich auf seine Stärke. Eine Diversifikation kommt nur dann in Frage, wenn alle, wirklich alle, Möglichkeiten des Stammgeschäftes ausgeschöpft sind. Große Teile der Stahlindustrie, aber auch die erwähnten Fastfood-Ketten und Fischfangflotten, könnten als Beispiel dienen.

Geschäftsausweitungen werden oft durch Akquisitionen geplant und erreicht. Zielorientierte Unternehmen erzielen meist langfristig stabilere Gewinne als die innovativen, die oft ein zu großes Risiko eingehen, was dann mal ein Geschäftsjahr verhageln kann. Andererseits haben sie weniger Reaktionsmöglichkeiten auf grundlegende Marktveränderungen. Die Visionen können durchaus ebenso schlagkräftig formuliert und gelebt werden, sind aber einseitiger ausgerichtet.
Ein klassischer Vertreter dieses Unternehmenstyps war ein großer Kaffeeröster, der sich dann aber sehr kreativ wandelte und Socken und Unterwäsche über Bäckereien vertrieb. Das habe ich beim Brötchenholen immer dankbar genutzt. Bei ihm waren wahrscheinlich alle Möglichkeiten des Stammgeschäfts ausgeschöpft und keine weiteren Umsatzsteigerungen mehr möglich. Heute ist ein kompletter Versand- und Filialhandel daraus entwickelt worden, bei dem man fast alles, auch Urlaubsreisen, bestellen kann.



**3. Das Verwaltungsunternehmen**

Sicherheitsbedürfnis und sorgfältigste Reglementierungen aller möglichen Geschäftsvorgänge zeichnen diesen Typus aus.
Man agiert defensiv, beschäftigt sich mit sich selber, auf keinen Fall mit Innovationen oder neuen Chancen durch Veränderung der Märkte. Das Finanz- und Kostenmanagement wird ständig optimiert und bis ins Detail durchorganisiert. Hier brüstet man sich gern mit Massenentlassungen als Mittel zur Gewinnerzielung oder man setzt nur noch die Preispolitik ein.

Übrigens kann der Gewinn über Jahre stabil sein, es fehlen nur bei jeder Marktveränderung die dynamischen Anpassungsmöglichkeiten. Für Visionen ist wenig Raum. Post- und Bahnunternehmen könnten hier beispielhaft sein.

Einen vierten Unternehmenstypus gibt es noch, der eigentlich nur auf der Grundlage staatlicher Subventionen existiert. Hierzu zählen subventionierte Kohlebergwerke oder Unternehmen, die beispielweise ausschließlich für militärische Produktion zuständig sind.

In einer Zuckerfabrik, die nur drei Monate im Jahr produziert, wird schon eine rhetorische Meisterleistung benötigt, um eine zündende Vision zu formulieren. Vielen bekannt ist aber auch ein Elektronikkonzern, der eine Meisterschaft bei der Teilnahme an staatlich geförderten Entwicklungsprojekten aufgebaut hat. Traditionell ist bei diesem Konzern der Finanzbereich mit Abstand der Erfolgreichste.

Dies sollte nun wirklich keine fundierte Kategorisierung von Unternehmen darstellen. In Reinkultur gibt es diese Kategorien ohnehin nicht.



Aber wir haben vielleicht eine Orientierungshilfe, um uns und unser Unternehmen in verschiedene Grade von Visionsfähigkeiten einzuordnen, uns selbst zu prüfen und zu schauen, wo die Tendenz hingeht.

**Wie visionsfähig sehen wir uns selbst?**

Um das zu prüfen, wieder ein paar persönliche Fragen:

- Sprechen Sie manchmal über Ihre persönliche Einstellung, Ihre Philosophie?
- Werden Sie durch Menschen und ihre Ideen fasziniert?
- Ist es Ihnen wichtig, dass Mitarbeiter Ihre Visionen verstehen?
- Akzeptieren Sie Veränderungen und können Sie Ihre Ziele anpassen?
- Erkennen Sie starre Verhaltensmuster und Blockaden an sich selber und können Sie diese auch mal ausschalten?
- Können Sie auch mal zehn Jahre in die Zukunft träumen und denken?

- Finden Sie für Ihre Visionen Umsetzungen; Analogien, die zu praktischen Ratschlägen für Ihre Mitarbeiter führen?
- Haben Sie persönliche Ziele und Visionen für Ihre eigene Lebensgestaltung?

Sollten Sie für sich die meisten Fragen mit „Ja" beantworten können, dann sind Sie ein Visionär, der andere Menschen mitreißen kann, der weiß, was er will, der beständig und zuverlässig darstellen kann, dass die getane Arbeit sinnvoll war und ist. Einer, der die Zukunft gestaltet. Dann haben Sie auch von Haus aus eine Ausstrahlung und Kompetenz, die Ihnen Autorität verleiht, ohne sich autoritär verhalten zu müssen. Sie sind in der Lage, ein Leitbild, eine Unternehmenskultur, zu entwickeln, die Basis für eine fundierte Corporate Identity sein wird. Sie haben Charisma und schaffen ein Wirgefühl. Sie befassen sich nicht nur mit täglichem Management, sondern mit Leadership.



Mein Rat an Sie ist: Lassen Sie sich weiterhin nicht komplett in den täglichen Strudel der Kleinentscheidungen hineinreißen, was den Blick für den großen Wurf verstellt. Gönnen Sie sich täglich die meditativen Minuten der Ruhe, der Innenschau: eine halbe Stunde in der Natur, einem Tier in die Augen schauen, eine T'ai Chi-Übung oder Ähnliches, auch das Nachlesen bei den Weisen dieser Welt.

Das muss natürlich regelmäßig geschehen, wie Zähneputzen und Essen. Sobald Sie sich sagen: würde ich gern, habe aber keine Zeit – dann hat die Falle schon zugeschnappt, und im schlimmsten Fall bemerken Sie es nicht einmal mehr.

**Andere Wertvorstellungen zulassen**

*Für spontanes, intuitives und kreatives Handeln ist innere Ruhe Voraussetzung. Visionen entstehen auch in dieser Ruhe, in wacher, aber gelassener Atmosphäre.*

*Und unabdingbar für ihr Entstehen sind Vertrauen, Achtung, im weitesten Sinne Liebe für die Menschen, die Sie und Ihr Unternehmen begleiten.*

An dieser Stelle möchte ich noch einmal Hans H. Hinterhuber zitieren, der in einem einzigen Satz zusammengefasst hat, was ich auf vielen Seiten dieses Buches mühsam versucht habe darzustellen:

„Antizipation, Vorwegnahme zukünftiger Möglichkeiten und Gefahren, Einbeziehung des Zufalls im Rahmen einer sinnerfüllenden Vision und Unternehmungspolitik, Reaktionsfähigkeit, Schnelligkeit, Anpassung, individuelle Initiative und selbstständiges Handeln auf der Grundlage einer aus der Vision abgeleiteten Unternehmungspolitik und -kultur sowie klare und explizite Strategien, all das ist nur möglich, wenn die Führungskräfte und Mitarbeiter vom unmittelbaren, kurzfristigen Erfolg absehen, sich in die Lage der anderen versetzen und sich selbst mit den Augen der anderen sehen, Werte verwirklichen und sich selbstlos in einen Gesamtrahmen einfügen, zu dessen Gestaltung sie selbst beigetragen haben und bei dessen Ausfüllung sich jeder einzelne aktiv beteiligt fühlen kann."



Bevor ich noch tiefer auf die mögliche gesundheitliche Bedeutung des T'ai Chi eingehe, zunächst noch einige Gedanken zur Wirkung auf die Gestaltung des Managements, auf den Stil der Unternehmensführung, auf das Leadership. Ehrlich gesagt, war ich mir ursprünglich nie sicher, ob meine persönlichen positiven Erfahrungen mit T'ai Chi in Korrelation zur Unternehmensführung überhaupt auf Kollegen, auf andere Menschen, übertragbar sein könnten. Nicht nur das oben genannte Zitat, auch Veröffentlichungen von sehr namhaften Instituten, die sich mit Führungsprinzipien beschäftigen, haben mir mehr und mehr Mut gemacht.

Eines der führenden Bildungsinstitute in der Schweiz schrieb mir einen Brief, der meine Erfahrungen fast deckungsgleich widerspiegelt.

Ich möchte ihn teilweise zitieren:
„Management-Innovation hilft dort, wo man mit Paradoxa leben muss: Zum Beispiel mit der Kluft zwischen Realität und visionären Wunschbildern. Oder dem scheinbaren Widerspruch zwischen Freiheit und Pflichten der Mitarbeiter.
Kreative Ideen können Abläufe, Prozesse sinnvoller, kürzer, effizienter gestalten. Es bieten sich viele chancenreiche Gebiete, wo man neue Geistesprodukte einführen kann, die (noch) in keinem Lehrbuch stehen. So gelingt es Unternehmern, eine Sonderstellung am Markt einzunehmen.
*Bewusst verfremdete Fragen sowie Analogien aus Naturwissenschaften und der Philosophie öffnen ungewohnte Perspektiven.“*

Diese Sätze treffen punktgenau meine Erfahrung der 30-jährigen Arbeit in unserem Unternehmen. Es macht mich glücklich, dass kompetente Managementlehrer offenbar ähnliche Erfahrungen gemacht haben und diese weitergeben.
Es muss ja keineswegs die „T'ai Chi-Philosophie“ sein. Aber wenn man sich im Klaren darüber wird, mit Paradoxa leben zu müssen, diese sogar als Management- und Brainstorminghilfe nutzt, gibt es kaum bessere Lehrbücher als die alten taoistischen Schriften.



Diese Literatur, dieses Gedankengut und das Praktizieren von T'ai Chi mag vielen Lesern als zu exotisch erscheinen.
Man kann das so sehen, aber bei näherem Hinsehen sind die 2500 Jahre alten Weisheiten wie aus dem heutigen (Manager-)Leben gegriffen.

**Im Dauerstress geht gar nichts**
In den nächsten Kapiteln geht es vertiefend um den so wichtigen Ausgleich, um das Training des Parasympathikus, um das Kompensieren von Stress, um das Leben von Yin und Yang.

Wir werden sehen, dass dies eine Grundvoraussetzung ist, um überhaupt irgendwelche Führungsprinzipien in die Praxis umsetzen zu können.

*Ein Manager im Dauerstress braucht keine Ratschläge zu Führungsprinzipien, er braucht Hilfe, um wieder gesund zu werden!*
Dabei kann Beratung von außen durchaus notwendig und zweckmäßig sein. Es kann der Punkt kommen, bei dem die eigenen Bordmittel nichts mehr bewegen können, aber fremde Ideen helfen.
Aber – den eigenen, ganz persönlichen Anteil für Veränderungen können wir nur selbst erarbeiten. Wenn die eigene Einstellung und die der Mitarbeiter zum Beruf nicht stimmen, wird auch der teuerste Consultant keinen Erfolg bringen. Ein Berater kann uns keine Rezepte geben, um Konflikte zu vermeiden und erfolgreichere Verkaufsgespräche zu führen. Er kann uns Hilfe zur Selbsthilfe geben. Dazu bedarf es manchmal einer grundlegenden Veränderung unserer Verhaltensweise. Diese erlernen wir aber nur durch eine Reise zu uns selbst, nicht durch Reise zu einem Managementseminar.

**Ohne aus der Tür zu gehen,**
**kennt man die Welt.**
**Ohne aus dem Fenster zu schauen,**
**sieht man den SINN des Himmels.**
**Je weiter einer hinausgeht,**
**desto geringer wird sein Wissen.**
**Darum braucht der Berufene nicht zu gehen**
**und weiß doch alles.**
**Er braucht nicht zu sehen**
**und ist doch klar.**
**Er braucht nichts zu machen**
**und vollendet doch.**

# Konflikte lösen mit T'ai Chi

Stressfaktor Nr. 1 ist nach meiner Meinung zumeist nicht ein Zuviel an Arbeit, sondern es sind schwelende, ungelöste Konflikte, oft verbunden mit Angstgefühlen. Deshalb will ich dieses Thema ausführlicher betrachten.

Auf Messereisen, z. B. nach Kalifornien, haben wir inklusive Flug und Zeitverschiebung oft einen 24-Stunden-Tag. Das ist zwar ermüdend, aber es ist eine Belastung, die bald wieder ausgeglichen werden kann, wenn die entsprechenden möglichen Erholungsphasen genutzt werden.
Dies sollte auch immer wieder zwischendurch mit den bereits beschriebenen Techniken erfolgen.
*Arbeit wird erst dann ein Problem, wenn sie zur Sucht wird. Wenn der Manager sich nur noch über Abarbeitung der täglichen Routine definiert und sich dabei selbst entfremdet. Wenn er seine Selbstbestätigung nur noch durch Karriereerfolg darstellen kann.*
In Japan und in den USA wird dieses Phänomen seit Jahren ernst genommen, und es gibt dafür Spezialtherapien.



Auch über Konfliktbewältigung ist viel geschrieben und in Seminaren gesagt worden, denn vielen ist klar, dass hier die stärksten, nachhaltigsten Belastungen ausgelöst werden.
Beim Thema T'ai Chi-Prinzipien habe ich schon einiges über Konfliktvermeidung gesagt.
*Es ist nach meiner Überzeugung klar, dass viele Konflikte entstehen, weil Verwurzelung, Standfestigkeit und Zentrierung fehlen.*
Sobald der eigene Standpunkt nicht klar und deutlich gezeigt wird, entstehen Missverständnisse und Streitsituationen. Nicht Starrheit und Rechthaberei sind gemeint, sondern Klarheit und selbstbewusste Darstellung der eigenen Meinung.

Die kann sich natürlich beim Erfahren der gegnerischen Meinung flexibel verändern, neue Einsichten können entstehen. Aber dies funktioniert nur, wenn beide Auffassungen eindeutig dargestellt werden. Man sollte meinen, dass dieser triviale Grundsatz als banale Kalenderweisheit abgetan werden kann. Dafür habe ich aber zu viele Konfliktsituationen erlebt, die durch Nichtbeachten dieses einfachen Prinzips entstanden.

Ein klarer Standpunkt kann durchaus zunächst zu Auseinandersetzungen führen. Aber besser gleich die klärende Auseinandersetzung, als langwieriges Drumherumreden. Im Deutschen Sprachgebrauch hat sich der schöne Begriff „rumeiern" festgesetzt. Das „Rumeiern" beschleunigt niemals die Konfliktlösung – ganz im Gegenteil.
Wenn dann noch unüberlegte Wortwahl, Kränkung, Diffamierung oder gar Verletzung hinzukommen, eskaliert das eigentlich kleine Konfliktpotenzial und ist im schlimmsten Fall unauflösbar.
Ich erinnere an die chinesische Weisheit, das Problem dann zu beachten und zu lösen, wenn es noch ganz klein ist.



**Der Einheitsgedanke hilft**
*Wie kann nun T'ai Chi helfen, Konflikte besser aufzulösen?*
*Zunächst durch das Bewusstwerden, dass sie nicht vermeidbar sind, sondern als zum Alltag dazugehörig anzunehmen sind.*
*Übereinstimmung und Konflikt gehören nach dem Yin und Yang-Prinzip zum Ganzheitsgedanken, das eine entsteht aus dem anderen.*
Konflikte können nicht bewältigt und ausgelöscht werden, sie sind in den Ablauf der Dinge zu integrieren.
Eine Fortführung dieses Ganzheitsgedankens zeigt, dass mein Gegenüber und ich eins sind und einer übergeordneten, universellen Ganzheit angehören.

Dieser Gedanke kann schon deshalb sehr hilfreich zu sein, weil er ermöglicht, mich und mein Konfliktproblem vielleicht etwas relativiert und kleiner einzuordnen, mich nicht ganz so wichtig zu nehmen.
Der Ganzheitsgedanke führt aber auch völlig weg von der Bewertung, der Be- oder Verurteilung des Gegenübers. Sehr oft habe ich es selbst erlebt, dass Charaktere von Lieferanten, Vertretern oder Kunden in „Gut" oder „Schlecht" eingestuft werden und dass entsprechend reagiert wird.
Wenn von einem Kunden die Rede ist, hilft dann vielleicht die auswendiggelernte Floskel, dass jeder Kunde ein guter Kunde ist.
Aber diese Verkäuferweisheit ist nicht nur kurz gegriffen, sondern sie wird unnötig, wenn der Gedanke der Einheit und Ganzheit verinnerlicht ist. Dann werden wir ohne Beurteilung einfach das Naturell des Anderen zulassen und in jedem Fall mit Achtung und Aufmerksamkeit reagieren.

*Wenn wir den Ganzheitsgedanken, den wir auch Einheitsgedanken nennen können, sozusagen leben, brauchen wir keine Rezepte für das Verhalten gegenüber Geschäftspartnern.*

Trotzdem ist aber zu akzeptieren, dass es Konflikte gibt, die einfach nicht zu lösen sind, es sei denn, man löst sie um jeden Preis.
Tschuangtse ist ein weiser Ratgeber. „Mit einem Sommervogel kann man nicht über das Eis reden, er ist begrenzt durch seine Zeit." An anderer Stelle sagt er: „Wer sich zur Bejahung bekennt und nichts von der Verneinung weiß, wer sich zur Ordnung bekennt und nichts von Verwirrung weiß, der hat noch nicht die Gesetze des Himmels und der Erde und die Verhältnisse der Welt durchschaut."
Kann man dies noch schöner und klarer ausdrücken?
Diese tiefe Einsicht könnte hinter Glas gerahmt in den Besprechungsräumen vieler Unternehmen an der Wand hängen.

*Eines sollte immer Ziel unserer Verhandlungen sein: Ist der sachliche Konflikt durch nichts aufzulösen, sollte der emotionale Konsens auf jeden Fall gewahrt werden.* Ohne rationales Ergebnis: Ja – mit emotionalem Zerwürfnis: klares Nein.

Es gibt auch ständig aufs Neue auftretende Konfliktsituationen, die in schlechter, unklarer Organisation begründet sind. Kommt es immer wieder zu Kompetenzproblemen bei Mitarbeitern, kann man davon ausgehen, dass die Stellenbeschreibungen mangelhaft sind. Vielleicht deshalb, weil bei der Erstellung eine gewisse Konfliktscheuheit vorherrschte, Standfestigkeit und Klarheit fehlten.
In solchen Fällen kann die Managertätigkeit zu reinem Konfliktmanagement degradiert werden – er befasst sich nur noch mit dem Austreten aufflackernder Waldbrände und wirkliches Leadership wird unmöglich.



**Konfliktverhandlung – „gespielt" mit T'ai Chi**
Zurück zum T'ai Chi im Zusammenhang mit Verhandlungen, bei denen der Partner in vielen Fällen ein Ziel verfolgt, das meiner Vorstellung sehr widerspricht.

In meinen Kursen verdeutliche ich konfliktträchtige Verhandlungen oft in Analogie zum Beginn der 24er-Pekingform. (Dargestellt werden die ersten Formen des Pekingstils hier von Frau He Zhao Hong, der Tochter meines Meisters He Lin Lin.)

**Die Pekingform beginnt mit dem festen Stand, der Verwurzelung. Alle Spannungen werden gelöst.**

Sie beginnt mit dem Finden des festen Stands der Basis, der Verwurzelung.
Dabei nehme ich den ganzen Körper wahr, prüfe, ob Spannungen vorhanden sind in den Beinen, im Beckenbereich, im Rumpf, bis zu den Schultern und dem Nacken. Ich versuche, diese Spannungen zu lösen, atme beruhigend in den Bauchraum, in das Dantien.
*Wie schon erwähnt, fangen Sie nie eine Verhandlung im verspannten, verkrampften Zustand an. Fangen Sie am besten gar nichts in diesem Zustand an.*

**Die Arme treiben wie von allein nach oben und dann beginnt das Sinken**

Es folgt die Übung „Wecke das Ch'i" oder „Wecke die Energie".

**Die sinkende Energie strömt nach unten, der Kopf wird leer, der Schwerpunkt sinkt zur Mitte bis zu den Wurzeln.**

Hier spüre ich den Energiestrom von oben nach unten, der Kopf wird leer, „leichter" und freier, der Schwerpunkt sinkt zur Mitte bis zu den Wurzeln. Ich stehe wahrhaft mit beiden Füßen fest auf dem Boden.

Dann geschieht die „Ballhaltung rechts":

**Die „Ballhaltung" verdeutlicht die Phase der Sammlung.**

Diese Haltung verdeutlicht die Phase der Sammlung. Ich sammle und durchdenke mein Anliegen, meine Ziele, meine Argumente. Ich überlege, was der Gegner für Ziele und Argumente haben könnte und bin gespannt darauf, diese anzuhören.

Das bedeutet natürlich auch, keineswegs unüberlegt, unvorbereitet loszupoltern und unbedingt recht haben zu wollen.

Alsdann folgt die Vorbereitung der Sequenz „Die Mähne des Pferdes teilen".

**Nun geschieht die Vorbereitung der Sequenz „Die Mähne des Pferdes teilen".**

Wie gesagt, erst die Vorbereitung. Die Arme kreuzen sich bereit zum „Angriff", der Schritt wird eingeleitet. Es ist eine Phase der Verdichtung, der Kompression aller Verhandlungsaspekte.

Ich falle nicht mit dem Gewicht gleich auf das linke Bein – oder mit der Tür ins Haus –, sondern bleibe noch auf dem festen, hinteren, sicheren Standbein stehen.

Dann erst erfolgt die Vorwärtsbewegung, das Yang. Meine Beweggründe sind aufbereitet, klar dargestellt und wohlüberlegt.

**Jetzt erfolgt der „Angriff". Die Argumentation ist gut aufbereitet, klar dargestellt und wohlüberlegt.**

Sie kommen aus der Mitte heraus, die Kompression löst sich; die Taille lenkt die Bewegung, der ganze Körper, das ganze Wesen ist verbunden, es gibt keine isolierte Armbewegung.
Ich bin nun auf dem Höhepunkt der Yang-Phase und erwarte die Antwort des Gegners.
Es folgt also die Yin-Phase, ich weiche zurück und neutralisiere die Energie, die auf mich einwirkt. Dabei halte ich ständig Kontakt mit dem imaginären Angreifer, ich hafte an.

*Übertragbar auf die konfliktgeladene Verhandlung heißt das, ich höre aktiv zu, achte nicht nur auf die Worte, son-*

**Es folgt die Yin-Phase, das Warten auf die Antwort des „Gegners“ und das Zurückweichen.**

*dern versetze mich vollständig in die Situation des Gegners. Ich erfasse neben seiner sachlichen Argumentation auch seine Gefühlsebene, seine Körpersprache – ich erkenne sein Wesen immer besser.*

Intuitiv und spontan kann ich versuchen, seinen Angriff abzuleiten, in eine Richtung zu lenken, die mir erfolgversprechend erscheint.

Dann komme ich zur „Ballhaltung links“ und ordne erneut das Problem, lasse die Argumente des Gegners einfließen, prüfe, ob ich gemeinsame Ziele finde, ob es Übereinstimmungen geben kann und trage das Ergebnis entsprechend durchdacht und achtsam wiederum vor.

**Dann erfolgt die „Ballhaltung links“, die erneute Ordnung der Gedanken und des Problems.**

Diese Sequenz wird in der Pekingform drei Mal ausgeführt. In der Verhandlung kann das Wechselspiel, der Austausch, beliebig oft erfolgen.
Aber ich bleibe bei meiner Abfolge des Sammelns und Abwägens, der Vorbereitung, des Vortragens der Argumente, und des Anhaftens, des aktiven Zuhörens.

Provokationen lasse ich abgleiten, ich verändere nicht meine Redegeschwindigkeit, bleibe ruhig und gleichbleibend gelassen.

Auch die Körperhöhe wird beim T'ai Chi nur am Anfang der Form verändert, die Bewegung wird dann in tiefer, balancierter Haltung konstant durchgeführt.
Auf unsere Konfliktverhandlung übertragen, könnte es heißen: „Wer sich als der Größte aufspielt, wird auch den Konflikt vergrößern."

**Wer auf den Zehen steht, steht nicht fest.**
**Wer mit gespreizten Beinen geht,**
**kommt nicht voran.**
**Wer selber scheinen will,**
**wird nicht erleuchtet.**
**Wer selber etwas sein will,**
**wird nicht herrlich.**
**Wer selber sich rühmt,**
**vollbringt nicht Werke.**
**Wer selber sich hervortut,**
**wird nicht erhoben.**



*Natürlich wird das einmalige Lesen der Verse Laotse's die Verhandlungskünste und -erfolge nicht kurzfristig oder nachhaltig verbessern.*
*Auch das wöchentliche Üben der Pekingform löst keine Konflikte.*
*Aber das jahrelange Verinnerlichen des T'ai Chi-Bewusstseins führt nach meiner Erfahrung unweigerlich zu einer positiven Veränderung des Alltagsbewusstseins.*

Christa Proksch schreibt: „Der Prozess des (T'ai Chi) Lernens ist von der ersten Stunde an ein Wachstumsprozess der Aufmerksamkeit. Mit wachsender Fähigkeit zur Zentrierung nehmen wir kleinste Details unserer Gewohnheitsbewegung wahr, entdecken im Hineinhorchen Misstöne wie ein

Geiger, der seine Saiten aufeinander abstimmt!" Christa Proksch, eine bewundernswerte T'ai Chi-Lehrerin, hätte problemlos Seminare für Konfliktmanagement geben können.

**Konfliktbeispiele gibt's genug**

Ich könnte aus meiner Berufserfahrung eine Vielzahl von gelösten, aber auch unauflösbaren, Konfliktfällen aufzählen, aber das würde hier den Rahmen sprengen. In Seminaren können alle Teilnehmer viele Erfahrungen beitragen, und man kann gemeinsam Lösungsmöglichkeiten erarbeiten.

In Bezug auf den Börsengang nur ein Beispiel: Der Manager einer Hausbank drohte mir offen mit der Schließung aller Konten, wenn er nicht mit der Emission beauftragt werde. Ich hatte mit der Bank 15 Jahre bestens zusammengearbeitet, und dieser Angriff verschlug mir glatt den Atem und die Sprache.



Ich erinnere mich noch genau, wie ich meine plötzlich hochkochenden Aggressionen mächtig dämpfen musste, um überhaupt die Basis zur Konfliktlösung aufrechtzuerhalten.
In der Verhandlung zeigte sich dann deutlich: Sobald dem Gegner klarzumachen war, dass mein Vorschlag *ihm* nutzt, war alles gewonnen.
Ich will die Lösung nicht detailliert beschreiben, aber es wurde ein Weg gefunden, der uns die wirklich freie Wahl der Emissionsbank ließ und die auch meinen Kontrahenten befriedigte. Wir hatten eine Win-win-situation, wie die Amerikaner sagen.

Ein nettes „chinesisches" Beispiel noch, das einen länger währenden Konflikt mit unserem chinesischen Vertriebspartner betrifft, und den ich kürzlich noch als Aufsichtsrat lösen konnte: Als ich ihm nach langem Zuhören meinen Lösungsvorschlag vortrug, war er zunächst sehr verblüfft und sagte in seiner Sprache etwas zu seinen chinesischen

Partnern. Dann wandte er sich mir zu, sagte die Worte „typisch T'ai Chi" und lächelte.
Alles löste sich auf, und ich empfand Erleichterung und ein starkes Glücksgefühl.
Leider geht es nicht immer so reibungslos vonstatten.

Die aktuelle globale Wirtschaftskrise wird fast in jedem Unternehmen Anzahl und Ausmaß von Konflikten aller Art deutlich erhöhen.
Bereiten Sie sich darauf vor!
Nicht nur auf die sachlichen Lösungsmöglichkeiten, wie Personalabbau, Kreditbeschaffung – was auch immer. Versuchen Sie, die eigene innere Einstellung zu Konflikten zu verändern. Auf Umsatzeinbrüche nicht mit Hektik reagieren. Druck nicht sofort mit Gegendruck beantworten. Die Mitte bewahren, anhaften – den Austausch mit allen Betroffenen suchen – fest verwurzelt bleiben. Verlieren Sie nicht die Ruhe und Gelassenheit.
Die Chinesen beschreiben das Wort „Krise" mit zwei Zeichen

危机

d.h. „Gefahr" und „Chance".

Was für eine tiefe Weisheit, die ihren Ursprung auch in der Yin und Yang-Philosophie findet.

Dies führt nun direkt zum nächsten Thema über die Gesundheit. Einige Mediziner sehen in der Krise, im Konflikt mit der Krankheit, ebenfalls eine Chance und haben dies eindrucksvoll beschrieben.

# Gesund bleiben mit T'ai Chi

Der Begriff Gesundheit ist in den letzten Jahren zu einer Ware geworden und Basis für einen milliardenschweren Markt.
Suggeriert wird, dass mentale und körperliche Leistungsfähigkeit notwendig ist, der Mensch soll einwandfrei funktionieren und fit sein.
Fitness gleich Gesundheit ist aber eine Gleichung, die so einfach nicht stimmt.
Der durchtrainierte Leistungssportler kann sich so unwohl fühlen, dass er sich über kurz oder lang in tiefsten Krisen wiederfindet. Jeder kennt diese Beispiele bei Skispringern, Fußballspielern, Tennisspielern – eine unendlich lange Liste wäre möglich.

Genauso unsinnig wäre die Annahme, dass regelmäßiges  Üben von T'ai Chi-Formen der Garant für Gesundheit und Wohlbefinden ist.
Zweifelsfrei ist aber, dass T'ai Chi, regelmäßig geübt, vorbeugende aber auch heilende Wirkung hat.

Viele wissenschaftliche Untersuchungen, besonders in China, belegen, dass T'ai Chi sich positiv auswirkt auf das Herzkreislaufsystem, die Verdauung, den Stoffwechsel und die Körperhaltung.

Rudolf Schmidtmann und Klaus Moegling haben das in ihrem Buch „T'ai Chi Ch'uan, physiologische und bewegungstherapeutische Wirkungsweisen" ausführlich dargestellt.
Interessant erscheint mir vor allem ihr Ansatz, dass T'ai Chi sich auf die Physis mit großer Wahrscheinlichkeit heilend auswirkt, auch dann, wenn sich der Übende mit dem meditativen Ansatz überhaupt nicht anfreunden will.

Jedenfalls hat mir R. Schmidtmann erst kürzlich bestätigt, dass er seit vielen Jahren in „seiner" Klinik für Herzerkrankungen messbar erfolgreich mit T'ai Chi therapiert.

*Wer sich aber unfähig fühlt, sich aus falschen Lebensgewohnheiten zu befreien – sei es nun einseitige Ernährung, Alkohol- oder Nikotinmissbrauch – wird weder durch T'ai Chi noch durch sportliche Betätigung Hilfe erfahren.*
Das Gleiche gilt für den Dauerstress, über den sich viele meiner Kursteilnehmer beklagen und ihn als Hauptmotiv für die Teilnahme an den Seminaren nennen.
Manche Teilnehmer erwarten dann schnelle Heilung oder jedenfalls positive Veränderung. Meine Antwort dazu ist für viele erst einmal enttäuschend, nämlich dass T'ai Chi erstens kein Therapiesystem darstellt und zweitens ich persönlich mit Sicherheit nicht therapeutisch arbeite.



**Es ist so wichtig – der Umgang mit Stress**

Trotzdem möchte ich auf das Stressthema noch einmal detaillierter eingehen, zumal es alle Berufsgruppen, egal ob allein erziehende Hausfrau, Abteilungsleiter, Lehrer und Manager, gleichermaßen betrifft.
Ich erlebe aktuell in meinen Kursen, aber in den vergangenen Jahren auch im Unternehmen, in dem ich als Aufsichtsratsvorsitzender arbeite, sehr viele, zu viele Fälle, in denen Dauerstress zum Problem wurde. Ich erinnere mich an einen sehr wertvollen Mitarbeiter, der uns verließ, weil der von ihm subjektiv empfundene Stress zu groß wurde. Sowohl Kollegen als auch die Geschäftsführung konnten sein Stressgefühl nicht nachempfinden – und trotzdem war es vorhanden!

Mein Hausarzt, Dr. Ingo Hobert, der sich in vielen Veröffentlichungen über alternative Medizin einen Namen gemacht hat, erzählt mir von dramatischen Zuwachszahlen stressbedingter Erkrankungen. So sollen sich Krankmeldungen

aufgrund psychischer Beschwerden in den letzten Jahren verdoppelt haben, während zeitgleich Krankschreibungen insgesamt zurückgingen.
Man nimmt an, dass bei Männern die Dunkelziffer sehr hoch ist, da bei ihnen oft lange keine Bereitschaft vorhanden ist, eine solche Krankheit anzuerkennen und behandeln zu lassen. Frauen erkennen ihre seelischen Beschwerden in der Regel in einem früheren Stadium und gehen eher zum Arzt. Ärzte wiederum sind heute, anders als noch vor zehn Jahren, in der Lage, psychische Erkrankungen zu diagnostizieren und Maßnahmen zu ergreifen.

Als Gründe für psychische Beschwerden werden oft Zeitmangel und Hektik – aber auch Mangel an Lob und Anerkennung genannt!
Wie einfach wäre dieser Mangel in vielen Unternehmen zu vermindern!
Vielleicht war bei unserem oben genannten Mitarbeiter der Mangel an Lob *ein* Grund für den Ausstieg? 

Wenn wir helfen wollen, aus der Stressspirale herauszukommen, müssen wir uns jedenfalls mit dem Phänomen eingehender befassen.

Zunächst einmal: Es gibt kein Patentrezept zur Stressvermeidung.
*Stresssituationen gehören ebenso zum Leben wie Ruhe und Entspannung.*
Menschen reagieren auf Situationen auch auf höchst unterschiedliche Weise. Was für den einen ein ganz normales Alltagserlebnis ist, erlebt der andere als belastend. Ein dritter braucht Stresssituationen, um überhaupt Fahrt aufzunehmen. Da gibt es dann noch die Steigerung, nämlich die Streitsüchtigen, die ohne Stress regelrecht unglücklich sind. Außerdem – was uns gestern völlig kalt ließ, kann uns heute aus dem Gleichgewicht werfen. Positiver Stress,

manche Fachleute haben ihn „Eustress“ genannt, ist meines Erachtens auch nötig. Wer völlig „cool“ in ein mündliches Examen geht, wird es schwer haben, ein Spannungsfeld aufzubauen, das auch die Prüfer beeindrucken kann. Stress raubt also nicht nur Kraft, sondern er spornt auch an und führt zu körperlichen und geistigen Leistungen. Er weckt Vitalität.

Stress ist absolut erforderlich, um auch auf berufliche Anforderungen schnell reagieren zu können.

Nur ist der Schritt zur „Dauer-über-Belastung“, zum negativen „Disstress“, manchmal nur sehr klein. Oft ist schon unser Umfeld stressbelastet. Menschen in Großstädten leben immer dichter zusammen. Verkehrsstaus, Lärm, aber auch das schon angesprochene Übermaß an Eindrücken aus Massenmedien, das alles sind allgemeine Stressoren, die sich langfristig auswirken.

Dazu kommen dann die persönlichen Stressfaktoren.



Ungewissheit über berufliche und familiäre Zukunft kann das sein, aber schon das unerwartete „mangelhaft“ im Zeugnis des Sohnes bringt den Puls hoch.

Wir erinnern uns: Wenn unsere vorgeschichtlichen Verwandten ein Knacken im Unterholz hörten, kam die Stressreaktion – Flucht oder Angriff. Das gleiche gilt heute, wenn plötzlich mit Leichenbestattermiene der Chef in der Tür steht. In diesem Fall erfolgt häufig der „Totstellreflex“.

Irgendwann reicht schon der Ton des Handys, um die Hände feucht werden zu lassen. Wir werden immer dünnhäutiger und schon völlig unbedeutende Worte eines Kollegen sind ausreichend, um uns zu verletzen. Kündigungen oder Auftragsverluste werden als persönliche Angriffe gewertet. Stressfallen lauern also überall und zu jeder Zeit.

*Wenn sich Stresssituationen in normaler Häufigkeit abspielen, wenn die eigene Einstellung dazu stimmt und wenn der Gegenpol – Ruhe und Erholung – vorhanden ist, gibt es kaum negative Auswirkungen.*

Aus diesem Wechsel von Stresssituation und Stressbewältigung können regelrecht beglückende, zufriedene Momente entstehen.

*Fehlt aber der Gegenpol und werden Ärger und Verletzung nicht ausreichend verarbeitet, dann steigern wir uns mehr und mehr in bedrohliche, uns selbstgefährdende Gedankenabläufe hinein.*
Wir erleben dann den Stress als Dauerzustand, wir bleiben sozusagen darauf sitzen. Vielleicht knirschen wir mit den Zähnen oder ballen die Fäuste in den Taschen.

**Was geschieht bei zu häufig unausgeglichenen Stresssituationen?**
Wir hatten es eingangs schon skizziert, wie der Körper darauf reagiert. Stoffwechsel und Kreislauf werden zunächst reduziert, Adrenalin und andere Hormone vermehrt ausgeschüttet. Dann steigt der Blutdruck und Zucker- und Fettreserven werden mobilisiert.
Verdauungsprozess und Sexualfunktion werden ausgeschaltet. Die Pupillen verengen sich, wir legen die Stirn in Falten, der ganze Gesichtsausdruck ist verschlossen und verfinstert sich, der ganze Körper verspannt sich.
Dann ist irgendwann der Punkt erreicht, an dem psychosomatische Beschwerden einsetzen, die wir eingangs bereits teilweise erwähnt haben: Muskelverspannungen führen zu Kopf- und Nackenschmerzen und zu Rückenbeschwerden.
Die „dauer"-freigesetzten Fette führen zur Gefäßverkalkung.
Die Überlastung des Kreislaufs begünstigt Herzrasen oder Bluthochdruck.
Wir werden anfälliger für Infektionskrankheiten, Dauerschnupfen oder Husten.

Fehlender Ausgleich kann irgendwann zu Konzentrationsstörungen, depressiven Verstimmungen und Ängsten führen – aber auch zu Gereiztheit und Aggressivität.

Schlafstörungen werden häufiger, die Vitalität lässt sichtlich nach, die Lebensfreude geht verloren.

Die aufgeführten Symptome müssen nicht komplett auf einmal einsetzen, aber das eine oder andere tritt bei derartiger Dauerbelastung ein. Es kann sogar eine Stresssucht entstehen, das Verlangen nach immer mehr Reizen.
In unseren Unternehmen erleben Führungskräfte täglich die Wirkungen von Stressfaktoren. Denn fast jeder Mitarbeiter bestimmt seine Identität durch seine berufliche Stellung, durch das gesellschaftliche Ansehen und die monetäre Situation.

Das heißt: *Berufsbedingte Probleme, Misserfolge, Ängste um den Arbeitsplatz sind, wen wundert das, die häufigsten Faktoren, die zur Überbelastung der Psyche führen. Die Stresstoleranz im Beruf ist nicht besonders hoch.*

*Als Manager sollten wir diesen Umstand besonders ernst nehmen.*
Denn ansonsten können die Leistungsfähigkeit und Zufriedenheit unserer Mitarbeiter schon aus geringsten Anlässen zurückgehen. Ein ausgebrannter Abteilungsleiter nützt aber dem Unternehmen überhaupt nicht mehr, auch wenn er täglich 15 Stunden arbeitet.
Über das „Burn-out"-Syndrom ist in den letzten Jahren viel geschrieben worden.
Bezeichnend ist, dass besonders in einem frühen Stadium des Syndroms keine konkreten Anzeichen für einen Alarmzustand erkennbar sind. Der unermüdlich arbeitende Manager gilt als normal, ist sogar erfolgreich und findet in seiner Umgebung durchaus Anerkennung. Er fühlt sich gebraucht und ist gefragt.

Aber häufig hat er in seinem Leben so viele Baustellen, dass irgendwann Müdigkeit, Energiemangel und Unausgeschlafenheit bemerkbar werden. Misserfolge werden verdrängt und die eigenen eigentlichen Bedürfnisse verleugnet.

**Noch einmal eine kleine Selbstprüfung**

Einige Fragen, die wir uns stellen sollten, um all dem Rechnung zu tragen, und Ursachenforschung zu betreiben.

- Sorgen wir für gute äußere Bedingungen? (Ausreichend Licht, wenig Lärm, angenehme Temperatur, usw.)
- Gleichen wir Zeit- und Termindruck durch Pausen und Ruhephasen aus?
- Hat der Mitarbeiter zu viel oder zu wenig Aufgaben, wird er unter- oder überfordert?
- Steht Routine und Bürokratismus im Ausgleich mit Intuition und Kreativität?
- Loben wir genug? Sorgen wir für die tägliche Anerkennung?
- Erkennen wir Rivalitäten unter Mitarbeitern?
- Helfen wir ausreichend bei Problemen mit Kunden?
- Ganz wichtig: Sind wir eindeutig und klar bei der Aufgabenverteilung und Leistungserwartung?



Die Liste wäre fast endlos zu verlängern, aber das lässt sich im Austausch mit Kollegen oder in Seminaren ergänzen.

Sehr wachsam sollten wir sein, um Scheinlösungen zum Stressabbau zu erkennen.
Die Flucht in Krankheit, Alkohol oder Drogen ist natürlich schon Alarmstufe 1.
Lustlosigkeit, Gleichgültigkeit, innere Kündigung werden nur sichtbar, wenn wir dauernd Kontakt halten, und – sie erinnern sich – wenn wir ständig „anhaften".

Auch das private Leben der Mitarbeiter sollten wir – soweit das möglich ist – zumindest im Auge behalten. Trennungen, Todesfälle, Krankheiten, finanzielle Probleme, das sind alles Beispiele für wirkungsvollste Stressoren.

**Als Führungskraft Hilfe bieten**
Was können wir für uns selbst tun oder dem Freund oder Mitarbeiter raten, wenn die Stressfalle offensichtlich zugeschnappt hat?

Zunächst die Erkenntnis bewusst werden lassen, dass Stress nicht abzuschalten ist, dass er zur Polarität dazugehört. Wir müssen uns darüber klar werden, dass unsere Einstellung, unser Denken, die Stresssituation entstehen lässt. Unsere Bewertung zeigt an, ob eine alltägliche Situation mit einer Katastrophe verwechselt wird. Weiterhin:

- Zuversicht und Vertrauen ausstrahlen. Wenn Sie unerwartet im Arbeitszimmer eines Mitarbeiters/Kollegen erscheinen, sollte eben nicht der Puls hochgehen oder Schweiß ausbrechen.
- Durch Anhaften eine Atmosphäre der Gelassenheit und Selbstverständlichkeit entstehen lassen.
- Verhaltensmuster offen ansprechen.
- „Nein" sagen können, Schwierigkeiten nicht aus dem Weg gehen, eigene Fehler eingestehen.



Hier noch ein paar Fragen, die Sie sich selbst stellen sollten, um Ihre Stresstoleranz auf den Prüfstand zu stellen:
- Sind die Erwartungen zu hoch, werde ich ungeduldig, wenn etwas nicht gleich 100%ig erreicht wird?
- Habe ich grundsätzlich eine eher pessimistische Weltsicht oder verbreite ich eine optimistische Atmosphäre?
- Erwarte ich, dass alle Menschen mich mögen? Werde ich ungehalten bei der Vermutung, dass dies nicht zutrifft?
- Achte ich auf Warnsignale?
- Kenne ich die Grenzen meiner Fähigkeiten und Kräfte? Achte ich auf diese Grenzen?

Eine Analyse dieser Art könnte sehr aufschlussreich sein und es hilft, wenn sie niedergeschrieben wird.

Dann können Wege aus der Stressfalle gesucht werden. Dann kann die Frage beantwortet werden, ob diese oder jene Situation wirklich so schwierig und katastrophal ist.
*Das heißt: „Was geschieht denn im schlimmsten Fall überhaupt, wenn es schiefgeht? Geht das an meine Substanz, oder geht es um einen Betrag, der mich überhaupt nicht umwerfen kann?“*
In der Folge könnten und sollten aber auch Veränderungen der Lebensumstände und der Verhaltensweise angegangen werden.

Gutgemeinter Rat für offensichtlich betroffene, gestresste Mitarbeiter ist bei einer vorhandenen Vertrauenssituation bestimmt sehr hilfreich. In ernsten Fällen sollten Führungskräfte aber darauf dringen, dass ein Arzt aufgesucht wird oder dass psychologische Fachhilfe im Betrieb genutzt wird.
Wir sollten uns als verantwortlicher Unternehmer aber auch darüber im Klaren sein, dass es Fälle geben kann, in denen ein leitender Mitarbeiter grundsätzlich einfach überfordert ist. Dies kann gesundheitliche Gründe haben, natürlich auch fachliche, vielleicht passt einfach das Naturell nicht, um den Job auszuüben.
In diesem Fall kann es langfristig – besonders auch für den Betroffenen – die bessere Lösung sein, sich zu trennen. Es sei denn, es ergibt sich eine völlig andere Einsatzmöglichkeit im Betrieb. Sonst würde der Druck immer größer, und die ganze Situation kann eskalieren.
Hier rechtzeitig und konsequent zu entscheiden, ist nicht einfach. Denn im Normalfall versuchen wir sehr lange am Vorhandenen, am Gewohnten festzuhalten. Wir versuchen womöglich zu helfen, wobei diese Hilfe sich dann ins Gegenteil wandeln kann.

Eine solche Trennung, gewissermaßen ein Rückzug, ein Zurückweichen, entspricht ganz und gar dem T'ai Chi-

Prinzip. Auch wenn es eine Zäsur bedeutet, kann es für alle Beteiligten letztendlich zu einem Gewinn, zum Wiederfinden der eigenen Mitte führen.

Zurück zum Umgang mit Dauerstresssituationen:

Denken Sie daran, besondere Bedeutung haben Ruhephasen.

*Ohne ausgleichende Ruhephasen sind auf die Dauer Beschwerden vorprogrammiert. Wenn dem Körper ständig die Ausrede: „Würde ich gern, habe aber keine Zeit" vorgesetzt wird, so wird er sich die Zeit irgendwann zwangsweise holen. Dann kann es monatelange Pausen geben.*



Ruhe finde ich auch bei einem Waldspaziergang, zusätzlich habe ich nun den T'ai Chi-Weg gewählt; dies in Kombination mit bewusster Atmung und Autogenem Training, zu dem ich in einem folgenden Kapitel noch kommen werde.
Das wurde, warum auch immer, meine Möglichkeit zur Gegenprogrammierung. Für mich persönlich ist ein solcher Weg absolut notwendig gewesen, um Stressabbau und Ausgeglichenheit zu gewährleisten.
Natürlich löst T'ai Chi nicht Probleme, auch nicht Verspannungen. Schon gar nicht reguliert es, einmal die Woche geübt, zu hohen Blutdruck oder gleicht vegetative Überreizung aus. Aber bei fast täglicher Einbeziehung in den Alltag vollzieht sich ein langfristiger positiver Prozess für Wohlbefinden und Gesundheit.
Den Anspruch, die Erwartung schneller Heilung, dabei niedrig zu halten, das empfehle ich immer wieder meinen Teilnehmern in den Kursen. Nicht zu schnell zu viel erwarten. Gar nichts erwarten, einfach machen und an manchen Änderungen der Lebensgewohnheiten arbeiten. Und dann schauen, beobachten, sich selbst mehr und mehr wahrnehmen.

**Macht T'ai Chi glücklich?**
Einen Aspekt der Korrelation T'ai Chi und Gesundheit, vielleicht sogar den wichtigsten, möchte ich nun noch ausführlicher ansprechen: Es geht um die mögliche, direkte Wirkung des T'ai Chi auf Gehirn und Nervensystem.
Ich habe an mir selbst schon seit vielen Jahren Empfindungen gespürt, die sich besonders während und nach intensiven T'ai Chi-Kursen deutlich bemerkbar machen. Es handelt sich um eine Mischung von Erregtheit, höchster Wachheit und Konzentration, die sich mit einer wohligen Erschöpftheit paart. Ähnliches wurde mir übrigens von Kursteilnehmern und anderen T'ai Chi-Lehrern bestätigt.
Auch eine erhöhte Sensibilität zeigt sich, manchmal auch ein scheinbar grundloses Glücksgefühl. Das ist vergleichbar mit der Empfindung nach einem längeren Dauerlauf, den ich morgens mit meinem Hund Bodo zwangsläufig praktiziere – eine für mich ideale Ergänzung zum T'ai Chi.
Der Gute-Laune-Botenstoff Serotonin erhöht sich dabei im Gehirn und sorgt für mehr Gelassenheit und innere Ruhe.



Jetzt habe ich eine Art wissenschaftliche Bestätigung dieser subjektiven Glücksempfindung erfahren, die einer Studie der Universität Ulm entnommen werden kann. Man kann dies auch im Buch „Das bewegte Gehirn" von Dr. Sabine Kubesch nachlesen.
*Dort hat man festgestellt, dass viel Bewegung, besonders wenn viel koordiniert werden muss, nicht nur die Serotoninbildung fördert, sondern die Neubildung von Nervenzellen im Gehirn stimuliert. Das Gehirn verändert sich also nicht nur durch Erfahrung, sondern auch durch Bewegung.*
Es werden die für das Lernen wichtigen Synapsen im Gehirn gefördert und neue Zellen produziert. Für mich als 61-Jährigen besonders ermutigend – dieser positive Effekt ergibt sich bei regelmäßiger Übung bis ins hohe Alter, wenn auch langsamer! Noch vor wenigen Jahren galt die These,

dass sich das Gehirn nach Ende der Wachstumsphase nicht mehr weiterentwickelt.

Wir haben im vorherigen Kapitel bereits festgestellt, dass psychosozialer Stress negative Auswirkungen auf unser Nervensystem und das Gehirn hat.
Das Entgegengesetzte gilt gottlob auch für positive Erlebnisse, wie tröstende Gespräche und Meditation, also nicht nur für Ausdauertraining.

Laut Studie werden dadurch langfristige Verschaltungen im Gehirn geändert und neue geschaffen. Es können also eine positive Gemütslage sowie eine erhöhte Leistungsfähigkeit entstehen.

Zurück zu meinem erlebten „Glücksgefühl".

Ich bin sicher, auch wenn dies in der Studie nicht erwähnt wird, dass T'ai Chi-Üben allerbeste Voraussetzungen gewährleistet, um Konzentration und Wohlbefinden zu fördern. Je komplexer der Bewegungsablauf, desto größer wird der Trainingseffekt für das Gehirn, so heißt es in der Studie.
Komplexere Bewegungen als im T'ai Chi sind kaum vorstellbar, sowohl beim Üben von Formen, als auch bei Partnerübungen.

Während eines Seminars ergeben sich ständig Aha-Effekte, neue Einsichten, neue Körperempfindungen. Das alles geschieht in einem ganz anderen sozialen Umfeld. Wir verbringen im Beruf etwa zehn Stunden am Tag mit unseren Kollegen – sicherlich und hoffentlich auch nette Menschen. Im Kurs sind Teilnehmer aus allen sozialen Schichten anwesend, die oft ganz andere, neue Gedanken vortragen.
In aller Regel herrscht in T'ai Chi-Kursen eine ausgesprochen anregende, insgesamt gelassene Stimmung. Beim Erlernen von T'ai Chi entsteht ein hoher Grad von Konzentration und

es kommen auch die Momente, in denen überhaupt nichts mehr funktioniert. In diesem Fall hilft in der Regel nicht nur der T'ai Chi-Lehrer. Es helfen auch die anderen Teilnehmer und wenn sie nur tröstend von ähnlichen Erfahrungen berichten.
*Wenn es also stimmt, dass die körperlich aktiven Menschen glücklicher sind und über ein besseres Gedächtnis und die bessere Denkfähigkeit verfügen, dann bitte sofort bei einem T'ai Chi-Kurs anmelden!*
Das ist natürlich als Scherz gemeint und es gibt 100 alternative Möglichkeiten der Aktivität.

Aber das zeitlupenhafte, in tiefer Kniebeugung praktizierte T'ai Chi verbindet nun einmal körperliche Bewegung mit größter Konzentration und hohem meditativen Anteil.
Übertragbar ist auch hier wieder das Yin und Yang-Prinzip, die Polarität:
Sportliche und meditative Aktivität führt laut Studie offensichtlich zur inneren Ausgeglichenheit, zur Ruhe und zum Optimismus. Negativ ausgedrückt: Bewegungsmangel und geistige Inaktivität, festgefahrene Gedankenmuster und Handlungsroutinen, führen zu antisozialem und aggressivem Verhalten.



Allein die Möglichkeit dieser oben beschriebenen, positiven gesundheitlichen Auswirkung sollte uns als Manager anregen, tätig zu werden. Natürlich gibt es längst Betriebssportangebote, und auch Entspannungsseminare werden angeboten.
Insgesamt ist dieses Angebot aber wohl zahlenmäßig klein und nur selten von Fachkräften geleitet.

Es geht, wie gesagt, nicht nur darum, Stress abzubauen und psychische Erkrankungen zu vermeiden.
Es geht vor allem darum, Wohlbefinden und damit auch die Leistungsmöglichkeit zu steigern.

Wenn Aktivitäten dieser Art tatsächlich auch noch das Sozialverhalten positiv beeinflussen, dann werden Ihre und die Verhandlungen Ihrer Mitarbeiter auch positiver ausgehen. Dann werden im Umfeld Ihres Unternehmens Konflikte abgebaut und Ihre Mitarbeiter leben den Berufsalltag glücklicher, erfüllter – und letztlich gesünder.

**Gesund durch T'ai Chi – die ganz persönliche Erfahrung**
Zurück zu meinen Seminaren und zum Thema Gesundheit. Ich habe einige mir sehr nahestehende Menschen in meinen Kursen gehabt, die an einem Tumor erkrankt waren. Sie waren mit die treuesten Teilnehmer und auch außerhalb der Kurse mir sehr nahe. Sie meinten, durch T'ai Chi große Hilfe erfahren zu haben, aber das gebe ich nur als subjektive Empfindung weiter.
Einen Fall hatte ich, bei dem Migräneattacken stark abgemildert wurden, T'ai Chi half, an den entsprechenden „Chaostagen" handlungsfähig zu bleiben.



Diverse Aussagen zu verstärkter innerer Ruhe und Auflösung von Verspannung habe ich von verschiedenen Teilnehmern registriert, auch Milderung von Depression und Herzrasen.
Ich nehme das freudig und auch dankbar zur Kenntnis, bin aber weit davon entfernt, hier einen medizinischen Zusammenhang konstruieren zu wollen.
Letztlich muss es jeder an sich selbst erfahren, es liegt natürlich ganz und gar in der eigenen Verantwortung und Empfindung.

Die gesundheitlichen Wirkungen des T'ai Chi auf mich eindeutig zu beschreiben, fällt mir schwer. Es war dieses Ausgleichende, Beruhigende und zum tiefen Selbstvertrauen führende, was manchmal wohl heilte oder half. Seit Mitte der 90er-Jahre hatte ich deutlich weniger Fälle von Infektionen nach langen Flugreisen über mehrere Zeitzonen, wofür ich besonders anfällig war.

Ich bin davon überzeugt, dass meine physische und psychische Stabilität positiv durch T'ai Chi beeinflusst wurde und damit meine Wirkung auf die Außenwelt und halt auch Geschäftswelt gleichermaßen positiv werden ließ.

An dieser Stelle möchte ich noch einmal zum Thema „Visionen" zurückkommen. Haben Sie eine Vision, wie sich Ihre Gesundheit mit dem Älterwerden entwickeln könnte? Denken Sie heute schon an Krankheiten und Einschränkungen, die zwangsläufig als Alterserscheinung auftreten? Oder können Sie die Überzeugung vertreten, dass Sie bis zu Ihrem letzten Tag mit recht guter geistiger und körperlicher Lebensqualität durchs Leben gehen? Das schützt natürlich nicht vor schicksalhaften Erkrankungen – schaden wird es bestimmt nicht!

Zusammenfassend lässt sich sicherlich behaupten, dass T'ai Chi die Grundhaltung, die Lebenseinstellung, gelassener werden lässt und Zuversicht wachsen kann. Wie sollte das ohne Wirkung auf die Gesundheit bleiben!
Mein erster T'ai Chi-Lehrer, Helmut Queckenstedt aus Hannover, hat in meditativer Stimmung beim Üben manchmal ganz ruhig behauptet: „T'ai Chi tröstet." Das traf damals exakt meine Gefühle, und ich kann ihm heute nur recht geben.

# Autogenes Training (AT)

Das Autogene Training ist eine konzentrative Selbstentspannung, ausgeführt mit Hilfe von einfachen, fast plakativ gedachten Formeln wie:

„Ich bin ruhig." – „Die Arme sind schwer." – „Die Arme sind warm." – „Es atmet." usw.

Hier will ich nur sehr oberflächlich auf die Technik und Wirkungsweise eingehen, es gibt sehr viel Literatur über Autogenes Training, zumindest im deutschsprachigen Raum.
Durch Zufall habe ich mich vor über 30 Jahren damit befasst, weil ein Arzt mir Autogenes Training zur Besserung von Magenbeschwerden empfahl. Vor gut zehn Jahren absolvierte ich eine Ausbildung zum Lehrer für Autogenes Training.
Ich übe es fast täglich einige Minuten und die Wirkung ist ähnlich wohltuend wie beim T'ai Chi. Ich setze es auch in meinen T'ai Chi-Kursen regelmäßig ein, um die kopfbetonten Lernphasen der Formen auszugleichen. Nach dem Autogenen Training – im Sitzen oder Liegen ausgeführt – gehen die Teilnehmer viel gelassener und weniger „kopflastig" an die manchmal komplizierten T'ai Chi-Bewegungen heran. Zudem ist die Wärmeübung eine gut wahrnehmbare Analogie zur Ch'i-Lenkung während der Formen.
Der Vorteil des Autogenen Trainings ist, dass man es immer, selbst *während* einer Verhandlung, einsetzen kann, um sich auf Ruhe und Gelassenheit einzustellen.
Noch heute, nach den Jahrzehnten des Übens, ist für mich immer wieder erstaunlich, wie schnell die Suggestion „Ruhig" oder „Es atmet", real wahrzunehmen ist. Es reicht schon der Gedanke „Autogenes Training" und Spannung löst sich auf.

Nebenbei bemerkt – Autogenes Training ist für mich der beste Beweis für die Kraft unserer Gedanken.
Nach gewisser Übung kann der Gedanke einer simplen Formel in Sekundenschnelle beruhigend wirken.
Nun der Umkehrschluss:
Machen wir uns bewusst, dass nach einiger Übung auch die Formeln „Das wird bestimmt schief gehen" oder „Mir geht es schlecht" mit genau der gleichen Geschwindigkeit und Sicherheit wirken.
Wir hatten uns schon mit der starken Wirkungsweise von Affirmationen befasst. Für das Autogene Training trifft dies ganz besonders zu.
Interessant ist, dass Affirmationen wirkungslos sind, wenn sie Verneinungen beinhalten. Unser Unterbewusstsein akzeptiert die Worte „kein" und „nicht" einfach gar nicht. Es muss also grundsätzlich eine positive Formulierung sein, und diese muss in der Gegenwartsform ausgedrückt sein. Was für eine tiefe Weisheit, die uns das Unterbewusstsein lehrt!
„Ich werde nicht mehr rauchen" ist wirkungslos. „Ich bin frei von Süchten" kann wirken.
Mit der Kraft eines Gedankens den Körper und die Seele zu beeinflussen, das ist also der Sinn des Autogenen Trainings. Natürlich wird dies in vielen Meditationstechniken erstrebt und erreicht.
Auch beim T'ai Chi wird durch bewusste Lenkung der Energie ein körperlicher Prozess ausgelöst, der – langfristig trainiert – auch geistig/seelische Auswirkungen hat.

*Ob Sie nun Autogenes Training praktizieren wollen, den Waldspaziergang bevorzugen, oder einen fernöstlichen Meditationsweg gehen – das ist in der Regel ohne Belang. Nur wählen Sie einen Ausgleich und üben Sie ihn regelmäßig!*
Nach meiner Erfahrung ist das nicht nur vorteilhaft, sondern für unsere Berufsgruppe unbedingt nötig.

# Kurse und Seminare

Diese Buch ist vielleicht eine Anregung für einige Leser, sich mit Taoismus und T'ai Chi zu befassen. Es gibt noch meterweise Literatur über diese Themen und das Stöbern in den Geschichten und Aphorismen der alten Taoisten kann ich nur empfehlen – es ist herzerfrischend.
Aber das Lesen allein – das ist jedenfalls meine Erfahrung – verändert langfristig nur wenig. Wenn Sie etwas ändern wollen an Ihrem Denken und Handeln als Manager, dann sollten Sie es auch tun. Lesen und verstehen in der Bewegung – in diesem Fall beim T'ai Chi-Üben.
Bewegung und Sport, wie ausführlich beschrieben, wirken sich positiv aus auf die Psyche und auf den Verstand. Aber leider nicht das Lesen über Bewegung und Sport. Wir müssen uns schon in Bewegung setzen und das auch noch oft und in großer Regelmäßigkeit.



Ein Seminar bei mir in Idensen soll also nur ein Anstoß sein; die Entscheidung, T'ai Chi längerfristig in den Alltag zu integrieren, kann dann in Ruhe zu Hause getroffen werden. Vielleicht ist es ja auch nicht T'ai Chi, sondern der Weg geht in eine ganz andere Richtung. Warum nicht?

Der Inhalt meiner Seminare richtet sich natürlich nach der Teilnehmerstruktur. Ich habe Kurse, bei denen Teilnehmer über viele Jahre teilnehmen und hier ist neben vielen anderen Lerninhalten das Erlernen und Vertiefen der 24er-Pekingform als äußerer Rahmen das Ziel. Das geht natürlich nicht bei zwei- bis dreitägigen Seminaren mit ständig wechselnden Teilnehmern – die Zeit wäre bei Weitem zu kurz. Hier beschränke ich mich auf die ersten einfach zu lernenden Sequenzen.
Allen Kursen gemeinsam ist ein Grundthema – sich selbst, den Körper, das eigene Wesen mehr und mehr zu erfahren.

Ziel ist es, Bewusstheit für das eigene Tun zu verstärken. Die Bewegungen sollen nicht stur zentimetergenau nachgemacht werden. Viel wichtiger ist es, den energetischen Prozess einer Bewegung deutlicher zu erfühlen und immer wieder mit Lebensprinzipien in einen Zusammenhang zu bringen. Verwurzelung, Balance, Zentrierung, aufrechte Haltung, hellwach sein – hier und jetzt. Viele Analogien haben wir bereits angesprochen und im Kurs ergeben sich spontan noch viel mehr.

Bei den regelmäßig durchgeführten Kursen lege ich mehr Wert auf korrekte, dem T'ai Chi entsprechende, Ausführung der Formen. Das führt manchmal zu einer Übergewichtung des kopfgesteuerten Lernens. Um dies nicht ausufern zu lassen, streue ich Entspannungsübungen ein, um danach wieder Lockerheit und das Fließen der Bewegung zu erreichen.



Die beschriebenen Entspannungsphasen sind grundsätzlich in allen Seminaren fester Bestandteil. In Stress- und Verspannungszuständen T'ai Chi zu lehren oder zu lernen, ist vollkommen unmöglich. Abschalten, Gedanken zur Ruhe kommen lassen, ins eigene Innere gehen und Stille spüren, das wird gleichwertig zum T'ai Chi systematisch geübt.
Für den Anfänger sind T'ai Chi-Bewegungen oft recht anstrengend, führen vielleicht sogar zu Anspannung und Verkrampfung. Das wird durch kurze Rückenübungen oder durch gegenseitige kleine Massageeinlagen, bekleidet und meist im Liegen, ausgeglichen.
Klassische Zonen der Verspannung, wie Nacken, Schulter- und Lendenwirbelbereich, werden besonders beachtet.
Übrigens richte ich ein Seminar ohnehin nicht komplett auf T'ai Chi-Übungen aus. Das wäre für Anfänger eine ungewohnte Überbelastung. Je nach Gruppenzusammensetzung wird morgendliches, langsames Laufen oder bewusstes Gehen angeboten. Das ist, wie wir gehört haben, nicht nur gut für die Stimmung und das Gehirn, sondern sorgt auch

für das tägliche Erreichen der 70–80 % der maximalen Herzfrequenz.
Spaßige Ballspiele lockern die Atmosphäre auf, oder auch eine Kutschfahrt mit meinen Kaltblutpferden.
Für einen T'ai Chi-Einsteiger wäre es viel zu anstrengend, 2–3 Tage nur derartige Übungen zu praktizieren. Daher werden immer auch wechselnde Aktivitäten eingestreut, die teilweise auch von anderen Dozenten angeleitet werden.

Ohnehin ist meine Seminarhausumgebung ein bedeutender Faktor für eine in der Regel heitere, gelöste Stimmung der Teilnehmer.
Ein Bauerngarten, ein Japangarten mit Sauna, die ländlich ruhige Landschaft – das allein sorgt schon für eine innere Abgrenzung zum Alltag. Ein Seminar dieser Art in einer Hotelatmosphäre im Zentrum einer Großstadt ist für mich nur schwer vorstellbar. Hier in Idensen herrscht im Gegenteil eine mehr private Atmosphäre.

Grundsätzlich beinhaltet jedes Seminar das Erlernen einer kleinen kompletten Kurzform, die der Teilnehmer sozusagen mit nach Hause nimmt und vielleicht regelmäßig üben wird.

Das Lernen einiger T'ai Chi-Sequenzen, z. B. aus der 24er-Pekingform, kann zur regelmäßigen Teilnahme an einem T'ai Chi-Kurs in der heimatlichen Region anregen. Beim Auffinden geeigneter Lehrer bin ich gern behilflich. Noch einmal: Der einmalige Besuch eines Seminars kann nur Anregung geben.

(Den Kontakt zu mir finden Sie unter www.seminarhaus-idensen.de.)

Bei den Seminaren für Manager sind Diskussionen über T'ai Chi und Taoismus sowie ihre Auswirkungen auf Lebens- und Geschäftssituationen wichtiger Bestandteil

– besonders der Seminare, die mehrere Tage (also auch Abende) dauern. Der Austausch untereinander kann zu neuen Ideen und Erkenntnissen führen, nicht zuletzt im Bereich Menschenführung, Konfliktbewältigung und neuer Ausrichtung von Lebens- und Unternehmensvisionen. Es geht nicht um ein neues Managementsystem – davon gibt es schon genug –, schon gar nicht um ein „T'ai Chi-Management". Ganz klar geht es aber um einen Einfluss des T'ai Chi auf die Unternehmensführung – als Angebot und Anregung –, aber nicht mit dem Anspruch, hier den einzig richtigen Denkansatz zu präsentieren.

Wenn sich herausstellt, dass Neues in Bewegung gerät, natürlich langsam aber doch sicher, dann war es ein gutes Seminar. Wenn ich höre, dass das Neue langfristig zu einem Mehr an Erfüllung und Erfolg geführt hat, dann suche ich mir ein stilles Plätzchen bei meinen Pferden, schaue ihnen in die Augen, übe vielleicht eine T'ai Chi-Form und erlebe wieder dieses grundlose Glücksgefühl.

Mein T'ai Chi-Meister He Lin Lin

**Mein Meister He Lin Lin**
Mein T'ai Chi-Meister He Lin Lin (1931–2004) war ein in der Provinz Shandong sehr bekannter T'ai Chi-Lehrer, der bei Wettbewerben viele Medaillen gewann und später auch in der Leitung des dortigen Wushu-Verbands mitwirkte. In der Jugend praktizierte er mehrere Wushu-Stile und von seinem 28. Lebensjahr an widmete er sein Leben dem T'ai Chi.
In Qingdao war er außerordentlich beliebt, nicht nur wegen seiner T'ai Chi-Lehrertätigkeit, sondern wegen seines einfachen, immer freundlichen und hilfsbereiten Wesens. So förderte er auch eine ganze Reihe mir bekannter T'ai Chi-Lehrer in Deutschland. Er hatte eine Aura von Herzlichkeit, Ruhe und Heiterkeit, die jedermann in seiner Umgebung erfasste.

Er arbeitete als Feuerwehrmann und sogar als Künstler und Humorist auf der Bühne – wohl während der Kulturrevolution.
Von 1995 bis 2002 trafen wir uns zu einigen T'ai Chi-Seminaren bei mir in Idensen und zwei Mal im Laoshan-Gebirge nördlich von Qingdao. Uns verband trotz der Sprachschwierigkeit eine tiefe Freundschaft.
Seine Tochter He Zhao Hong lebt heute in Sydney und arbeitet dort ebenfalls als T'ai Chi-Lehrerin.



Während ich an diesem Buch arbeitete, habe ich mich öfters gefragt, was er wohl zu diesem Buchtitel gesagt hätte. Börsengang, Business und T'ai Chi, kann das in einem Atemzug genannt werden? Ihn konnte ich nicht mehr fragen, also fragte ich seine Tochter nach ihrer Vermutung. Die Antwort kam sehr spontan: „hao – hao – hao – good – good – good hätte er gesagt! Und das verbunden mit seinem herzlichen Lachen."
Im Grunde hatte ich Ähnliches auch geahnt, aber das hat dann doch meine Zweifel und kleinen Gewissensbisse noch mehr beruhigt.

# Ein Resümee

Die Zusammenfassung fällt ganz leicht, wenn ich einfach über das Zustandekommen dieses Buches nachdenke.
Nach dem Börsengang um das Jahr 2000 herum, wurde ich mir bewusst, wie sehr T'ai Chi und das taoistische Gedankengut mein Handeln mehr und mehr beeinflusste.
Aber wie und warum und bei welchen Situationen besonders? Das war ziemlich verschwommen und ungeordnet.
So fing ich an, durch Schreiben System in die Zusammenhänge zu bringen. Aber das dauerte viel länger als erwartet. Erstens weil ich ein völlig ungeübter „Schriftsteller" bin, und dann sorgte der Job nach wie vor für Zeitmangel.
Jedenfalls war dies die erste und hauptsächliche Motivation, ein Buch fertigzustellen, das sich mit der Korrelation T'ai Chi und Alltagsleben beschäftigt.



Zum Zweiten gab es wohl noch das Bedürfnis, vielleicht auch gepaart mit etwas Eitelkeit, nach so vielen Jahren eine Art Zwischenbilanz zu ziehen. Damit meine ich nicht die Bilanz des geschäftlichen Erfolges, geschweige denn die Höhe des Börsenkurses. Der war bei Fertigstellung des Buches, auch wegen der Finanzkrise, ohnehin im Keller.

Nein, ich sah auf eine erfüllte Lebenszeit zurück, die meine Partner, Kollegen und ich gestaltet hatten, und auch das fand ich wert, festgehalten zu werden.

Und wie halt das Leben ist, war es durchwachsen mit allen denkbaren Gefühlen, Begebenheiten, Zufällen – glücklichen und enttäuschenden Momenten.
Freundschaften sind entstanden und werden wohl immer anhalten. Es gab erfolgreiche, heitere, manchmal humorvolle Situationen, aber auch Frustrationen, Ängste und Zweifel.

Ein Gefühl, vielleicht das wichtigste, war aber eigentlich immer präsent – das Vertrauen. Vertrauen in mich selbst, in die Menschen, die mich umgaben, auch in den Rückhalt der Familie.

**Der große Helfer: T'ai Chi**

T'ai Chi und – für mich dazugehörig – die wunderschönen, oft paradoxen Worte der alten Taoisten, wurden mehr und mehr zu einem Verbündeten.
Bei ganz vielen Überlegungen, Abwägungen und Handlungen war dieser „Partner" eine große Hilfe.
Er spendete Gelassenheit in extremen Situationen. Er mahnte zur Standhaftigkeit, zur Balance aber auch zur Bescheidenheit, ja zur Demut. Manchmal tröstete er einfach nur. Jedenfalls war er oft ein guter Ratgeber, wie ein Navigationssystem, das den Weg zeigte, das aber auch den Weg korrigierte, wenn ich drohte, in eine völlig falsche Richtung abzudriften.
Da ich durch das fast tägliche T'ai Chi-Üben dauernd Kontakt zu diesem Ratgeber hatte, war die Hilfe umso nachhaltiger.
So war wohl auch Dankbarkeit einer der Gründe, das Schreiben weiterzutreiben.



**Erfolg macht Spaß – Erfolgszwang nicht**

Wie wohl jeder, der eine ähnliche Karriere durchlebt hat, erfuhr ich manches Mal die Gefahren eines Jobs als Manager. Es macht mich heute noch traurig, wenn ich ausgebrannte Führungspersonen erlebe, die unter Erfolgsdruck derart leiden, dass nur psychosomatische Beschwerden einem „weiter so" Grenzen setzen.

Dann ist der Sinn des ganzen Projektes eigentlich verfehlt. Diese Gefahren habe ich an mir selbst erfahren. Seit dem Börsengang wirkte beispielsweise der Quartalsdruck wie eine Hybris. Manchmal denke ich an die mittelalterliche

Strafe des Vierteilens, wenn ich diese abgedroschene, fast lächerliche Höchstbewertung von Quartalszahlen erlebe.
Wohin das führt, zeigt die jüngste Finanzkrise. Das kurzfristige Denken und Handeln führt zu skurrilsten Entscheidungen. „Macher" sind gefragt – strategisch denkende Führungspersönlichkeiten scheinen aus der Mode gekommen zu sein. Die Macher, die immer hektischer entscheiden, verlieren jedoch oft die Entscheidungsfreiheit und die Regie über die eigene Lebensführung.

**Finden Sie Ihren Weg**
Mit dem „eigenen" mitbegründeten Unternehmen wirtschaftlichen Erfolg zu haben, ist herrlich, es befriedigt ungemein, man hat alles selbst in der Hand.
Aber erste Priorität sollte haben, das Leben so gestalten zu können, dass die eigene gelassene Grundstimmung und die Gesundheit erhalten bleiben.



T'ai Chi hat mich immer dazu ermahnt, es hat mich zur Verlangsamung rechtzeitig zurückgeführt, wenn es wieder mal zu schnell und hektisch wurde.
Wiederholt zeigte es mir auch den Weg heraus aus dem Hamsterrad und dann wurde es aber auch allerhöchste Zeit.

Und weil ich diese Hilfsmöglichkeit weitergeben möchte, hatte ich einen weiteren Beweggrund, das Schreiben trotz mancher Schwierigkeiten durchzustehen.
Mit diesem Buch und mit meinen Seminaren will ich auffordern, einmal innezuhalten und zu prüfen, was wirklich wichtig ist.

Sollten Sie beim Lesen eine Anregung gefunden haben, für sich einen völlig anderen Weg zu finden – auch gut!
Aber wenn Sie den Rat eines alten, erfahrenen Managers hören wollen: Finden Sie einen.

# Nachwort

Von dem monetären Gewinn dieser Buchveröffentlichung werde ich die Hälfte an die Organisation „Ärzte ohne Grenzen“ überweisen.

Die Welt scheint aus den Fugen geraten zu sein, und ich weiß nicht, wo ich mit dem Helfen anfangen oder aufhören soll.

Mein Bauchgefühl sagt mir Folgendes:
Wenn die Ärmsten der Armen auch noch krank oder verletzt sind, brauchen sie wirklich HIlfe.

Idensen, im Januar 2009



Ärzte ohne Grenzen
Am Köllnischen Park 1
D-10179 Berlin
www.aerzte-ohne-grenzen.de

Bank für Sozialwirtschaft
Konto 97097
BLZ 370 205 00

aus dem Ausland:
Bank für Sozialwirtschaft
IBAN DE72370205000009709700
BIC BFSWDE33XXX

# Literaturverzeichnis


**Gris, R.:** Die Weiterbildungslüge. Campus. (ISBN 978-3-59338679-9)

**Hinterhuber, Hans H.:** Strategische Unternehmensführung. Erich Schmidt Verlag (ISBN 3-11-018105-3)

**Jahrmarkt, M.:** Das Tao Management. Haufe (ISBN 3-448-02373-6)

**Kobayashi, T. & P.:** T'ai Chi Ch'uan. Einswerden mit dem Tao. Random House Verlag (ISBN 3-89631-412-2)

**Kubesch, S.:** Das bewegte Gehirn. Hofmann (ISBN 978-3-7780-7212-7)

**Lash, J.:** Reise zum Tao. Sphinx (ISBN 3-85914-236-4)

**Neu, H.:** Weniger arbeiten, mehr leben. Campus (ISBN 3-593-37221-5)

**Olson, S.:** Das Wesen des Taiji-Quan. Aurum (ISBN 3-89901-003-5)

**Proksch, C.:** Taijiquan – Die Kunst der natürlichen Bewegung. BACOPA Handels- & Kulturgesellschaft m. b. H. (ISBN 3-630-61702-6)





**Schmidt, K. O.:** Kraft durch Atmen. Drei Eichen (ISBN 3-7699-0492-3)

**Schmidtmann, R./K. Moegling:** T'ai Chi Ch'uan. Physiologische und bewegungstherapeutische Wirkungsweise. Prolog Verlag. (ISBN 3-89395-200-4)

**Smullyan, R.:** Das Tao ist Stille. Fischer (ISBN 3-596-13588-5)

**Wilhelm, R.:** Laotse – Tao-Te King. Random House Verlag (ISBN 3-424-00579-7)


## Weitere empfohlene Literatur


**Dethlefsen, T., Dahlke, R.:** Krankheit als Weg. Goldmann (ISBN 978-3-44211-472-6)

**Hoffmann, B.:** Handbuch des Autogenen Trainings. DTV (ISBN 3-423-36004-6)

**Lowenthal, W.:** Es gibt keine Geheimnisse. Kolibri (ISBN 3-928288-05-9)

**Man-ch'ing, Cheng:** Dreizehn Kapitel zu T'ai Chi Ch'uan. Sphinx (ISBN 3-85914-338-7)

**Schuhmacher, S.:** Han Shan. 150 Gedichte vom Kalten Berg. Diederichs (ISBN 3-424-00505-3)

**Watts, A.:** Der Lauf des Wassers. Suhrkamp (ISBN 3-518-37378-1)

**Wilhelm, R.:** Dschuang Dsi. Das wahre Buch vom südlichen Blütenland. Diederichs (ISBN 3-424-00574-6)

**Wilhelm, R.:** Liä Dsi. Das wahre Buch vom quellenden Urgrund. Diederichs (ISBN 3-424-00461-8)